Prota Mateja Nenadović
MEMOARI

I0156699

REČ I MISAO
KNJIGA 250

PROTA MATEJA NENADOVIĆ

MEMOARI

IZDAVAČKO PREDUZEĆE „RAD"
BEOGRAD

I

Kao što mnogogodišnji hrast, koga nisu gromovi ni vetrovi srušili, počne sam od sebe venuti, i granu po granu gubiti, i sve bliže svom se kraju kloniti, tako, draga deco moja, i ja, kog su neprijateljske puške i sablje srećno promašile, koga su smrtne bolesti obilazile – osećam sada da moje telo, po večnom zakonu prirode, sve većma slabi i sve se bliže grobu prikučuje.

Ja nerado o smrti govorim, ali bez ikakvog straha očekujem poslednje veče mog života; moje misli ne lete više u one godine u kojima imam jošte da živim, nego u one u kojima sam živeo. Cela moja prošlost bila je burna i vrlo promenljiva, ali bez ikakvog straha osvrćem se ja na nju, i sa zadovoljstvom i unutrašnjom nagradom prolazim u mislima sve prošle godine mog života, i radujem se da ni na jedno delo ne nailazim za koje bi mi sovest štogod prebaciti mogla.

Burna vremena novije srpske prošlosti bila su tesno skopčana sa mojim životom; i kao što su ona promenljiva bila, tako je i moj život bio promenljiv. Ja sam služio i gospodario, popovao i vojvodovao; putovao po narodnom poslu daleke putove i kod kuće mirno sedeo i u mojoj bašti voće kalemio; vojevao sam opasne ratove i uživao blagodet opšteg mira; sa carevima govorio sam slobodno, a katkad zbunio me je govor prostog kmeta; gonio sam neprijatelje i bežao od njih, živeo u svakom blagu i izobilju i opet dolazio do sirotinje; imao sam lepe kuće i gledao ih iz šume spaljene i srušene; pred mojim šatorom vrištali su u srebro okićeni arapski hatovi i vozio sam se u svojim neokovanim taljigama; vojvode iščekivale su zapovesti iz mojih usta i opet sudba me dovodila da pred onima što su bili moji panduri na noge ustajem. – To je, deco, večna promenljivost sudbine koju sam rano poznao i na koju se nigda tužio nisam; iz te promenljivosti naučite: da se ne treba u sreći gorditi ni u nesreći očajavati.

Te sve promene u mom životu, Moskva i Peterburg, Varšava i Beč, gde sam negda bio, pojavljuju mi se kao san moje mladosti. Veću čast mojih sovremenika i drugova hladna je zemlja zatrpala, mlađi i veštiji ljudi preduzeli su one narodne brige i poslove kojima smo mi upravljali, otečestvo moje napreduje, i ja radosno i zadovoljno povraćam se u ovo skrovito malo selce na ognjište mojih dedova, da se odmorim od mojih trudova i da vas nejake nastavim na put života, da vas izmalena naučim ljubiti Boga i otečestvo. Promisao nije mogao lepšu zabavu i zanimanje za moju starost dati nego da budem vaš učitelj.

Od 1793. godine pa do danas svakojake promene bile su u Srbiji; nijedan taj događaj nije učinjen a da ja štogod ne znam, ili da nisam i sobom učastvovao. Ceo taj prostor mog života i narodnih zbitija stoji mi jošte živo u pameti; i što je stariji koji događaj, tim ga se lakše i točnije opominjem. O svemu tom ja bih vam usmeno pripovedao, draga deco moja, ali vi ste mali i ne možete upamtiti, a ja sam star: lako mogu umreti. Zato sam naumio da vam ovde napišem: ꙗже видѣхъ дѣяхъ и отцы наши повѣдаша ми. U ovom mom pripovedanju ne tražite savršenstvo istoriopisca, ni strogi red događaja. Za to treba veštije pero; i ja se nadam u kom narodu pojave se junaci i ljudi zaslužni za otečestvo, taj će narod roditi i one ljude koji će njihova dela opisati. Ja ću vam ovde napisati samo moj život i ona ratna i neratna priključenija koja su u moj život upletena; ne tražite u ovom mom pripovedanju istoričke sveze, ja ne mogu događaje sve po redu ovde zabeležiti, nego ću ih pisati kad se kog opomenem. Ja znam da će iste događaje docnije mnogo pero opisati veštije, ali istinitije neće.

Ja sam se rodio 1777. godine u selu Brankovini, sat i po od Valjeva, od oca Alekse i matere Jovane iz kuće Đelmaševića, iz Gvozdenovića. Moj deda zvao se Stevan, njegov otac Petko, a njegov – Stanoje, koji je negda bio knez u valjevskoj nahiji. Kad sam bio jošt mali, pričala mi je moja baba Manda da su se naši stari doselili od crnogorske granice iz Birča.[1] Onda je ovaj kraj Srbije bio gotovo sasvim pust, ne znam, ili je to bilo zbog kakvog iselenija, ili su Turci narod

---

[1] Birač je u Bosni i daleko od crnogorske granice. (Lj. K.)

rasterali, ili je kuga pomorila. Iz Ercegovine, kao što i sada, neprestano su naseljavali ove krajeve. Pričala mi je moja baba i to da je slušala da naši stari, kad su se iz svojih krajeva ovamo krenuli, da su učinili zavet da se onde stane i nasele gde čuju vola da bez odmora najviše puta rikne, i tako kad su došli na brankovički vis, čuju vola gde je neobično mnogo puta jedno za drugim riknuo, i odmah tu se zaustave i nasele, uverivši se po tome rikanju da tu mora dobra i plodna zemlja biti. Druga plemena koja su imala zavet da se onde stane gde nađu pčele u grmu, otišla su u Mačvu.

Moj otac i mati imali su osim mene još pet sinova: Nikolu, Petra, Grigorija, Dimitrija i najmlađega Simu, koji je u Ćesariji učio vojenu akademiju i bio kadet, a posle sa ćesarskom vojskom išao u Italiju. (On je 1813. godine postao vojvoda.) Kako se Srbija nanovo pobunila, on pređe u Srbiju, juriši sa Drinčićem na Dublju na šanac turski, i poginu obadva 13.[1] julija 1815. godine; tu je onda koje poginulo, koje sa pašom živih uhvaćeno oko 600 Turaka. – Moj otac i mati imali su jošte više dece, no ja ih upamtio nisam, a čitulja je izgorela kad su nam uz Karađorđev rat kuće pogorele, samo jošt tri sestre pamtim: Staniju, koja je bila udata za Živka Dabića u Jautinu, Maricu za Jovanom Vilotijevićem u Valjevu, i Mariju udatu u Takovo za popa – Pavlova brata Matiju. Moj otac imao je više sestara i braće, od kojih samo najmlađi brat Jakov joste živi, koji je u vreme Karađorđeva rata bio komandant valjevske nahije, a posle došao na moje mesto u Sovet srpski, a ja odem u vojsku na Drinu. Njegovo ime naći ćete u mojim rukopisima. On živi sada sa svojim sinovima i pročom porodicom u Rusiji, u Hotinu. Ako ja pre umrem a oni se dotle ne vrate, nemojte zaboraviti da tamo imate stričeva, braće i sestara, koje još nigda niste videli.

Otac mi je pričao: kad su Nemci hteli vojnu na Turke da podignu, slali su mu proklamacije, te je on bacao kroz prozor u džamije valjevske, no Turči ne poplaše se, nego kad vide da će rat početi, zađu po selima i pokupe sve oružje od Srba i odnesu u Valjevo. Oni zovnu njega i reknu mu: »Uzmi, Aleksa, sto pandura, pa idi te čuvaj od Paleža do Ušća da kauri kradom ne pređu.« »Ja im kažem – priča moj otac – da u momaka nema pušaka, jer su oni sve pokupili, nego da mi

---

[1] Boj na Dublju bio je 14. jula. (Lj. K.)

dadu puške. Oni domah dadu mi za sto ljudi oružje, te ja
odem i namestim straže pokraj Save od Paleža do Ušća, a ja
s nekoliko pandura i Turaka pokatkad prođem i straže obi-
đem. Kad – jedne noći nestane sviju čamaca što su bili s na-
še strane na Savi! Docnije čuo sam da su Nemci za jednu i
tu istu noć, od vlaške granice uz Dunav i Savu do Dubice,
sve turske lađe oduzeli i na onu stranu prevezli (1788.[1] go-
dine). U isto vreme bili su spremili Nemci dve pune lađe
vojnika, da udare na donji grad i da uđu na Su-kapiju.[2] Pre
toga ugovori s njima Jovan Čardaklija, Đikić i Vlajko Beo-
gracki da im kapije otvore. Oni su bili mnoge gradske topo-
ve ekserima zatvorili, ključeve druge od kapije načinili i Su-
-kapiju celu noć uoči Vovedenija otvorenu držali i na vojsku
ćesarovu čekali; no vojska ne dođe, ali zaista bili su se nave-
zli u Zemunu, no ne izvezu se na Su-kapiju nego pored gra-
da niz Dunav odu i iziđu na Borču, izgovarajući se posle da
nisu mogli od magle pogoditi Su-kapiju, ali po svoj priliči
oni su se bojali kakve prevare i nisu smeli. Čardaklija i Đi-
kić i Vlajko nekako pobegnu, no nekoliko od njihovog dru-
štva Turci uhvate, pa su im sve od luča cepke pod nokte uda-
rali, dok ih s tim mukama nisu pomorili«[3] (Na godinu dana
pre toga oni sogljadatelji koji su po Srbiji hodali i narod
spremali za nemačku krajinu odveli su sa sobom mnogo mo-
maka iz Srbije, koji su se više Varadina u Kamenici egzeci-
rali; među pročima bio je Isailo Lazarević iz Urovaca, Kićan
iz Zlatarića, Ivan iz Mislođina, koje sam i ja docnije pozna-
vao. Isailo Lazić poginuo je od naše strane prvi na Beljini,
kad smo se 1804. godine počeli s dahijama tući.)

»Ja sam čuvao – priča dalje moj otac Aleksa – da ne pre-
đu Nemci, a neprestano sam preko Save gledao i jedva če-
kao kad će preći, dok uz naše mesojeđe 1788. godine pređe
Kićan, Isailo, Ivan i sa njima nekakav gospodin Mijuško, do-
nesu nešto baruta i jedan doboš i kažu mi da ih je car poslao
da se dižemo na Turke, da ih tučemo i gonimo, dok i velika

---

[1] Kapija sa Dunava zove se Su-kapija, koja znači vodena ka-
pija.

[2] U drugom jednom svom rukopisu o tome dodao je i ovo:
»A tako isto kazivao mi je Petar Čardaklija kad smo 1804. u Ru-
siju putovali da je tako bilo i da je njegov brat Jovan Novaković
Čardaklija doista otvorio Su-kapiju.« (Lj. P. N.)

[3] Svi su ovi događaji bili 1787. godine. (Lj. K.)

vojska ne pređe. Nisu imali nikakva pisma i nikakve carske oprave, i ja se počnem sumnjati, no opet poverim Ivanu i Kićanu, jerbo su moji ljudi i stari poznanici, a i milo mi bude da se čas pre turskog zuluma izbavimo, jer nam je bio sasvim dosadio. Ja odem onim Turcima što su sa mnom patrolirali i kažem im:»Nije vajde, ne mogosmo sačuvati, Nemci evo de pređoše, no vi idite u Valjevo i pozdravite age da ja više ne smem doći u Valjevo, jerbo od ovih kaura ne smem odustati, jer ako pobegnem oni će mi kuću zapaliti«, itd. Turci uplašeni odu što su brže mogli, a ja se vratim nesrećnom gospodinu Mijušku, i on okrene meni govoriti:»Car je mene poslao k tebi da ti koje najvrednije ljude znaš pozoveš, da se dignu da varoši palimo i Turke bijemo.« Ja tako i učinim i odmah pošljem po jednog čoveka Lazaru Iliću u Jabučje, Petru Jeremiću u Rakare, Malom Janku u Oglađenovce i Milisavu Miloševiću u Orašac, i poručim im: da je čas izbavljenja prispeo i nek kupe čete svaki u svom kraju i neka budu spremni na prvi moj poziv da idemo da udarimo na Valjevo. Turci iz Paleža i Uba pobegli su bili kako smo straže počeli čuvati.»Meni je uzgred bilo – priča moj otac – podići svu moju knežinu i, vrativši se kući, sve na brankovički vis sa sobom izvesti. Kad dođemo tu mojoj kući, pošljemo najpre odabrane četnike, te sve srpske porodice i njihovu stoku u planinu Posovo, vojsci za leđa, uklone, a onaj drugi kraj knežine u planinu Slovac u zbegove smestimo. A potom išli su četnici te dogonili turska goveda vojsci za hranu, i ugovorili smo, međutim, sa Malim Jankom, Rakarcem i Lazarom iz Jabučja u koji ćemo dan na Valjevo udariti. (No Turci pređe toga, kako su videli da će rat započeti, dozvali su knezove i kmetove, uzeli od njih konje i pratioce, te su sva dvižima dobra, a tako isto i žene i decu ispratili u Užice i Soko, a neke i preko Drine, a oni, sami vojnici, u Valjevu ostali.) »Ode naša vojska sa visa na Valjevo, ali ni u polovine nije bilo oružja (jer su bili Turci pređe sve pokupili što se nije moglo po šumama u klade sakriti.) No mnogi su brezove tojage zaoštrili i, štono reknu, koji kolac koji proštac uzmu i udare sa tri strane na Valjevo. Turci Valjevčani izađu pred njih u Ljubostinju, dočekaju ih i tu se potuku. No kad u tom boju turska poglavica Omerica pogine, a s drugih praznih strana Petar Rakarac i Mali Janko prodru u samo Valjevo i prazne kuće zapale, onda Turci počnu begati Čačku i Užicu.« To mi priča otac, a i ja jošt pamtim kako sam onaj dan iz planine Posova izlazio i s drugom decom kako sam se na vinogradske plotove penjao da možemo bolje videti kako Valjevo gori. To je bilo na naš Čisti ponedeljak 1788. godine.

»Mi smo gonili Turke do Čačka – priča dalje moj otac – naša je vojska bila iz same valjevske nahije. Kod Čačka Turci nas dobro dočekaju i ubiju nam 27 dobrih momaka, no mi opet i Čačane i Valjevce (Turke) rasteramo i sav Čačak popalimo; potom vratimo se u Valjevo. Ono kuća što nije bilo izgorelo Srbi raskopaju, pendžere i vrata i sve što se moglo odvojiti poodnosiše, i kad pljačke nesta, gotovo svi svojim kućama odoše a s nama malo ostade. U to vreme bilo je u Valjevu 24 džamije, i govore da je bilo preko 3.000 kuća turskih, a 200 hrišćanskih. Mi doteramo iz sela četnike, ali kako se nabiraju eksera iz požara, oni onda odu opet kući. Govorim ja jednako Mijušku: »Piši neka ćesar šalje što pre svoju vojsku, pak ćemo lakše i naše vojnike u skupu držati.« A on mi sve od dana na dan odgovara: »Pisao sam, pisaću« ili: »Vojska će skoro preći«, itd. Istina, pored granice, od Zemuna do Mitrovice, vrlo je mnogo spremne vojske ležalo; ali to je sve badava, nema je na ovoj strani. U to vreme čuje se da će ćesar Josif doći u Srem u manastir Fenek da vidi gde se profunta peče. Naskoro posle toga poruči meni iz Boljevaca neki Arsa Andrejević, moj stari poznanik (on je rođen u Valjevu pa ubio Turčina i utekao u Srem), da idem da vidim cara. Kad ja kažem Mijušku da hoću da idem da vidim cara, ne beše mu milo, nego mi reče:

»Ostani ti u Valjevu, a ja ću ići u Fenek.« – »Nemoj, gospodine Mijuško«, reknem mu ja, »nego da ja idem da vidim cara, jer to mi je najveća želja, a ti si ga sto puta video.« Ja mu nisam kazao da je meni Arsa poručio da idem. Mijuško ne smede nikako sam da ostane, i kad vidi da sam navalio da idem, pođe i on, izgovarajući se da ima važnih poslova tamo.

»Odemo u manastir Fenek, i ja se odmah sastanem sa Arsom Andrejevićem, s kojim sam živeo kao s bratom. Sutradan odem sa Arsom na jedan doksat, odakle smo gledali vrlo mnogo svakojakih oficira u manastirskoj porti. I ja se začudim – priča mi moj otac – kad me Arsa zapita: »Vidiš li, Aleksa, cara?« – »Kako ću ga videti kad ga tu nema?« – odgovorim mu ja i počnem gledati po svoj porti i po svima doksatima ne bih li gde cara mogao naći. »Ono je car Josif – veli Arsa – što stoji kod onog kočijaša što maže intov, i štapićem pokazuje kuda kočijaš treba da namaže.« – »Šta, Arso, da od boga nađeš!« – povičem ja začuđeno. – »Zar su u vas takvi carevi? A kamo mu veliki ćurak i veliki kauk na glavi, ako ne veći a ono bar kao u našeg vezira u Beogradu?« Sad reče moj buljubaša Nikola Arsenijević iz Vukićevice, koji beše sa mnom došao: »A nuto, kneže, bog i duša, kake su mu noge tanke, nema ni čarapa u čizmama, no gole noge, a mi se uzdamo da i nas ođene, a on bos ide.« Nasmeja se Arsa i kaže: »Tako nose svi kršteni carevi, a ne kao vaši Turci!« i proče. Mi smo odatle gledali cara dok god nije u sobu otišao.

»Docnije dođe jedan oficir k nama i zapita: »Ko je tu knez Aleksa?« i Arsa mu odgovori: »Ovo je« i pruži ruku na mene. »Hajde«, veli, »zove te car!« – Kad reče: zove te car, prođoše me mravi od pete do perčina. Pade mi na um što su mi Turci pripovedali: da se car ne može videti, i koji ga god vidi, mora mu od strâ donja usna prepući. No odmah pomislim: ja videh cara u avliji i usna mi ne prepuče, a i nije strašniji ni od jednog beogradskog vezira. Hajde, pa što bog da. Kaza mi Arsa da ne valja u skut ljubiti kao vezira, no samo se gologlav pokloniti. Kad uđem k caru, ja tako i učinim. Kod njega stojao je tolmač. Pita me: »Jeste li vi Aleksa, knez valjevski?« – Ja mu kažem da jesam. – »Pa šta ste tamo radili; i kako s Turcima stojite?« – Ja kažem da smo Valjevo i Čačak popalili. – »A ko vas na to sve nagovori i podiže?« – upita car preko tolmača. – »Gospodin Mijuško!« – odgovorim ja. – »Koji je to g. Mijuško?« – Ja kažem da je on prešao i podigao nas u ime carevo, i da je sada i on ovde. Car spusti obrve na oči i, pošto malo poćuti, reče nešto nemački jednom oficiru, koji odmah otrča napolje. Car se razgovarao sa svojim tolmačem ne znam o čemu. – Ja ćuteći tako mislio sam: »Moj gospodin Mijuško, naopako ti bilo, ti si, međer, nas prevario te smo kao tići bez perja vrlo rano izleteli iz gnjizda na lapavicu.« I ja se tek sada uverim o onome o čem sam često sumnjao, tj. da je to laža neka; a ja sam mislio da je on najpre sa carem večerao pa onda međ' nas prešao: tako je umeo lepo lagati.

»Uto dođe s onim oficirom i Mijuško. Pita ga car: tko je on i šta je tamo radio i ko ga je na to poslao? – Zamuca moj g. Mijuško: Vaše veličestvo ... Vaše veličestvo ... ja sam šnajder ... – pa sam video vojsku gde se sprema na Turke, pa sam uzeo nešto baruta i jedan doboš i otišao sam knezu Aleksi te krenuo narod i Turke rasterali.« Car nešto reče nemački – a on se pokloni pa ode.

»Potom car Josif okrete se k meni i upita: »Kad ste isterali Turke iz Paleža, Uba, Čačka i Valjeva, kuda ste ih oterali?« Ja mu na to odgovorim sasvim veselo da smo ih oterali čak u Soko i Užice, a neke čak preko Drine.. »Gut!« odgovori car, »a koliko je do Užica, Sokola i do Drine od vaših mesta?« – Kažem mu ja da od naše nahije do Sokola ima 4 sata, do Užica 7, a do Drine 8 sati. – »A gde su njine žene i deca?« – upita dalje car. Ja mu kažem da su sa sobom odveli. »A gde su vaše žene i deca – pitao je dalje, i ja odgovorim da naše žene i deca sede kod svojih kuća. – »A kad Turci«, počne car, »smeste i osiguraju tamo svoje žene i decu, pak onda uzjašu na svoje hatove i na vas udare, kuda će onda vaše žene i deca?« Na to mu nisam ništa umeo odgovoriti, do samo slegnem ramenima. Car primeti na meni tu zabunu i brigu, pak i posle nekog kratkog ćutanja reče mi sasvim blagim glasom: »Moj dragi kneže, ja se od vas i od toga naroda uzdam i nadam da ćete vi pomoći mojoj vojsci moga i vašega neprijatelja prognati. Ali to što ste sada činili i bunili se da ste tek posle, kad bi moja vojska prešla i vas i vaše familije sebi za leđima ostavila! Ja sam spremio 300.000 vojske, i hoću i mislim da vaše otečestvo od Turčina očistim, no hoće li bog dati, to ne znam. Vi sad idite i čuvajte narod i uklanjajte ga u planine da se ne porobi, a moja će briga biti za vas« – i dade mi sto dukata.

»Taj isti dan zovne me Mihaljević na večeru, s kojim sam se poznavao i dobro živeo. Pri rastanku s njime reče mi: »Idite odma u Valjevo i četu skupljajte i držite u skupu; ja ću vam poslati jednoga fendrika s nekoliko frajkora i čuvajte narod da se ne porobi, a i mene će skoro car poslati da na Zabrežju šanac načinim i topove prevezem, no treba, kad vreme bude, da i vi ljude pošaljete da šanac pomažu kopati.«

»Ja odem u Valjevo – priča moj otac – i opet počnem čete skupljati, međutim dođe fendrik Jovan Vujadinović (on je pravi Srbin iz Srema, iz sela Tovarnika, čini mi se, dobar junak i pogibe posle na Sokolu, kad smo na Kalkan jurišili). Taj Jovan dovede sa sobom oko 30 frajkora. Međutim, neki Guša, poglavica bačevački, skupio je bio svoju četu i došao u Leskovice, odveo sedam roba i oterao mnogo ovaca. Mi pokupimo četu i sa ono 30 frajkora odemo tajno preko planine; noću se prikučimo Bačevcima, i odande u zoru udarimo na obadva mesta i zarobimo 70 duša. Turci se žestoko počeše braniti; njiov starešina Guša Mustabaša uzja na hata a mač u ruke i iprav potrča sokakom, a Đoka Mićanović (iz sela Klinaca, sat i po niže Valjeva, koji je docnije postao strožmesterom) dočeka ga nasred puta i karabilj opali, a Guša padne s konja mrtav, a Đoka pritrči, uzme njegov mač, odseče mu glavu, hata njegovog uvati i uzjaše. Drugi se Turci zatvoriše u džamiju i kulu, kojima se bez topa ništa ne može učiniti. Bačevci su Drini na obali prema Osatu. Stade vika Turaka iz Bosne sa one strane Drine: »Haj, braćo, udrite se, ne dajte se, eto nas u pomoć k vama!« Pak niza sva brda potrčaše Drini. Mi kuće popalismo, roblje i stoku oterasmo. Zlatarićko pak roblje i ovce povratismo svakom svoje, a tursko roblje pošljemo u Nemačku.« (I ja sam ovo roblje tursko video kad su ih doterali na Vranu, gde je logor bio, i gde su sada vinogradi. Šanac i logor na Kličevcu docnije osnovan je; u ta vremena i Koča dole oko Morave podigne čete i Turke počne tući, zato i sada Moravci zovu ono vreme »Kočinom krajinom«, a za ćesara Josipa rat ništa ne znadu, nego misle da je Koča zaratio. Koča je bio iz jagodinske nahije, sela Laništa,[1] bio je najpre dobar svinjarski trgovac, a posle dobar junak.)

Ovo što ću sad da vam pišem pričao mi je moj otac Aleksa da su njemu njegovi stari pričali, a on nije zapamtio: – Kad su same spahije sa carskim beratima u Srbiji bile, uzimali su od svakog žita, krome sitne proje, desetu oku, na oženjenu glavu uzimali su po jedan groš, i to se zvalo glavnica, i baštenicu 20 para uzimali su za sve sitnice, tj. što se seje u baštama; na jednu košnicu po oku meda ili naplate pošto je med bio; na kazan 2 groša; na jedno matoro krme 6 para – i koji je spahija blizu svojih sela, doteraju mu po koja kola drva, i to je bio sav danak spahijama. Osim toga plaćalo se veziru porez na mešćensku glavu po sto groša, a katkad i poviše, a caru plaćalo se harača po 3 groša i 2 pare. Knezo-

---

[1] M. Đ. Milićević tvrdi da je Koča bio iz sela Panjevca. Knežev. Srbija, 194. (Lj. K.)

vi krili su glave, pa kad u vilajetu porežu sve danke, dolazilo je po 7 ili najviše po 8 groša na glavu. Posle toga postali su čitluci, i janičari zavladaju, koji su imali u Stambolu velikog janičar-agu, a u svakom vezirstvu opet manjega janičar--agu. Onda Turci koji neće da rade dođu kod svog janičar-age i upišu se u janičare, i to u koju ortu koji voli; i tako nazove se pravi sin carev i aga, a spahije, koji su od starina sa carskim beratima bili, bace za leđa i nazovu ih papurima. Takav aga uzme nekoliko momaka, dođe u selo koje mu se dopadne, sazove seljake i kaže im: »Rajo, ja sam carev sin i aga, dajte, prodajte mi se da ste moji, ja ću vas od svakoga zuluma braniti, i koji nema poreze i harača, ja ću za njega u zajam davati.« Seljaci obično mnogo se tome protive, ali to im ništa ne pomagaše; on naturi seljacima po 200 do 300 groša, pa kaže spahiji te mu napravi temesuć i tapiju da su svi seljaci tome i tome agi prodali sve svoje baštine, i tako ti on onda postane čitluk-sajbija, i koliko god spahija uzima od svog sela, toliko i on, a katkad i više.

Tako su pričali mome ocu da su čitluci postali koji su do nemačke krajine trajali. Posle rata izvade knezovi 1793. godine hatišerif da u beogradskom pašaluku ne bude čitluk-sajbija ni aga, niti njihovih desetaka, nego samo da se daje spahijsko i carsko. No toga pašaluka čitluk-sajbije umole beogradskog vezira (što je bio pre Musta-paše) da oni budu age, kao što su i bili, i da kupe svoje desetke i proče. Dođu knezovi o Mitrovu dne od sviju nahija da porez porežu; vezir, Šašin-paša, prouči taj ferman i kaže da je car pomilovao age, i dopustio da opet budu kao što su i bili. »No idite u vilajet« – reče paša knezovima – »otišle su age da kupe svoje, kažite raji da se ne protivi carskoj zapovesti.« Knezovi na to svi složno odgovore: da oni to ne smedu narodu kazati, jerbo će ih narod pobiti kamenjem – i da bi Turke većma uplašili, pridadu da će oni (knezovi) morati u Nemačku od naroda begati, ako sa takvim glasom pođu u vilajet. – Onda je Mustafa Šinigdžić bio bina-emin (glavni nastojatelj kad se kakvo zdanije pravi) i opravljao je i pokrivao u donjem gradu kasarne što je Nemac u ratu popalio; moj otac Aleksa, zbog toga što je tome Hadži-Mustafi mnogu građu za kasarnu niza Savu slao, poznavao se i živeo s njim dobro, zato ode k njemu i požali mu se na taj aginski ferman. – »Znam ja«,

14

rekne Hadži-Mustafa, »ko je taj ferman izvadio, no ako vi hoćete, ja ću to lako pokvariti.«

– »Hoćemo zaboga i pomagaj« – odgovori mu moj otac, i zamoli ga u ime sviju knezova da radi o tome.

– »Idite i tajno načinite svaki mizare (prošenija) na cara«, rekne mu Mustafa, »i udarite što više možete imena, i koji nema mura (pečata), neka prst pritisne.« Tako knezovi, svaki napiše mizare i na janičare tužbu što većma mogu učine, mnoga imena potpišu, prste i murove udare, a potom tajno odnesu bina-eminu. On im rekne: »Čekajte vi tu (u Beogradu), odgovor će odmah doći.« Knezovi ostanu da čekaju odgovor na njina prošenija iz Stambola.

Vezir je bio janičarski prijatelj i ništa nije znao o tome, i kad vidi da se knezovi ne razilaze iz Beograda, zovne ih sebi i rekne im: »Zašto ne odlazite vi da narod sovetujete, da se kogod ne bi protivio carskom fermanu, nego da prime svoje age?« Na to izgovori se moj otac da je mnogo japije dogonio u grad za opravke kasarne i da ima sa bina-eminom račune, a kad svrši račune da on i opet u narod ne sme ići da im sovetuje da prime ferman janičarski, jer će ga narod kamenjem zatrpati. Tako su i svi drugi knezovi govorili, i opet su kazali da će morati svi od naroda u Nemačku begati. Posle toga gdekoji se knezovi prikriju, a moj otac, pod izgovorom da račune pregleda, dogovarao se neprestano sa Hadži--Mustafom. Petnaesti dan od toga dana dotrči tatarin iz Stambola i donese nov ferman. – Pričao mi je buljubaša mog oca, Laza iz Trlića, da je tatarin utrčao u varoš neprestano vičući: »Mazul Šašin-paša, mazul! Hazur Hadži Mustafa-paša, hazur! hazur!«[1]

Sutra rano stari vezir izađe iz grada, a novi Hadži Mustafa-paša, bivši bina-emin, sedne u saraje, a tugovi mu posle od cara dođu. Knezovi dođu mu i čestitaju, a on ih sovetuje da idu svaki u svoju nahiju i da narod dobro paze, i da ne dadu nikome ni najmanje zuluma da narodu čini, no da se njemu obraćaju. To je bilo oko 1794. godine. Međutim, otišle age i subaše po selima svoje običajne danke i desetke kupiti. U Beogradu pak bio je neki Kara Smail, koji je svuda, kud je god hodio, po 30–40 momaka janičara za sobom vodio; on

---

[1] »Zbačen Šašin-pasa, zbačen! Evo Hadži Mustafa-paše, evo ga, evo ga!« (Lj. K.)

15

se spremao da u Beogradu bude janičar-aga, i slabo se Hadži Mustafa-paši pokoravao. Ali Hadži Mustafa-paša, kad se utvrdi malo u gradu, potpusti nekoga Turčina, te Kara-Smaila, kad je iz amama izišao, kroz prozor jedne kuće iz puške ubije. Njegova družina sve prsne i kojekuda razbegne se, pa tako i oni što su se u sela bili razišli, kako čuju da im je starešina poginuo, poplaše se i svi pobegnu u Vidin k Pasmandžiji, koji se još pre toga osilio i od sultana otcepio, i sav pašaluk vidinski pod svoju vladu uzeo, niti je što caru davao nego sve grabio. Svi ti begunci zli i gori kod njega se skupe. Siromah sultan Selim sedam je vezira na Vidin s vojskama slao da pobede Pasmandžiju, a i Hadži Mustafa-paša iz Beograda išao u Vidin i žestoko se tukao. Drugi, pak, veziri tajno su uzimali novce (mito) od Pasmandžije i nisu hteli od sveg srca tući ga. Tu je bio poslao sultan Selim nekoliko nizamske vojske u zelenom mundiru, jer je Selim prvi počeo nizam uvoditi. No naposletku Pasman-ogla isturi svoju vojsku na Hadži Mustafa-pašu i na ono malo nizama, te sve rasteraju. – A drugi su veziri bez boja pobegli. I tu pogine srebrnički paša, otac Hadži Sali-bega. (Tako mi je kazivao iz Užica Asan-baša Drljača, koji je onde na vojsci bio, a posle je bio jasagdžija uz našeg vladiku valjevskog Danila, zajedno putujući i dimnicu kupeći.)

Pasmandžija ostane nezavisim u Vidinu; nakupi jošte više vojske plaćajuči dobro na mesec; i tako svi zlikovci iz turskog carstva iskupe se u Vidin. – Hadži Mustafa-paša vrati se s vojskom u Beograd a Pasman-oglu pošlje svoju vojsku da Beograd uzme i svu Srbiju poda se pokori, a i Bosnu da sebi prisvoji da se lakše od sultana braniti može. Dođu do Požarevca i tamo su se s beogradskom vojskom dobro tukli; beogradske spahije vrate ih u Vidin. Tako su opet polazili i Poreč uzeli. Beogradski vezir nema dosta vojske, zato počne kupiti i on pod platu vojnike. Porez je bio 7 i po do 8 groša na po godine, kako je u hatišerifu; sad vezir podigne porez na 15 i na 18 groša na po godine. Knezove držao je kao svoje sinove, kad su god došli k njemu, po običnom poklonjenju postoje malo turskog običaja radi, pak im zapovedi te svi posedaju i kafu im dade i, kako mi je otac kazivao, razgovarao se s njima kao sa svojim sinovima; a i narod je bio onda u najboljem spokojstvu, samo što je morao davati veliku porezu od 15 do 18 groša. Trgovina je bila slobodna: ko šta ima, kome hoće i pošto može proda. Crkve i manastiri stari počnu se opravljati i iznova graditi; davši samo 500 groša veziru za izun (dozvolenje), pak gradi crkvu gde hoćeš i koliku hoćeš.

Sad ću da vam pričam o meni, pa ću posle opet nastaviti o mom ocu, šta mi je pričao, i šta sam ja o njemu i onom vremenu zapamtio. Hajde da vam najpre kažem kako sam knjigu učio. Otac me dade jošt vrlo malena da kod popa Stanoja, nešeg paroha koji je blizu naše kuće sedeo, učim. Ja počnem učiti u jednom moskovskom bukvaru koga su začalna slova sva crvena bila, učio sam ovako: »az, buke, vede, glagolje, itd.«, a sricao sam ovako: buke-rci-br, vede-rci-vr, glagolje-rci-gr itd. Od ono doba do danas jošte nigde nisam video onog bukvara. Moj siromah popa, bog da mu dušu prosti, kako je on sam učio, onako je i meni pokazivao. Jer u ono vreme u Srbiji nigde ni glasa ni traga od škola nije bilo, no svaki đak koji je želeo što učiti, morao je popu ili u manastir ići. Premda su siromasi đaci morali i na jednom i na drugom mestu služiti i popine i igumanove konje sedlati i rasedlavati, opet je svaki rado snosio koji je želeo što naučiti i popa biti, za čim je onda svaki težio, jerbo u Srbiji nije onda bilo drugoga gospodstva krone biti knez, pop ili kaluđer, a i pandur imao je neko odličje.

Ja kod popa Stanoja izučim taj vrletni bukvar, i počnem časlovac, i u mesecoslovu naučim svece kazivati, a to mi je vrlo lako bilo iz onih starih kalendara, jer koji je krst pola okružen crvenom bojom, ono je mali svetac, i od podne može se raditi; a koji je sav okružen, to je veliki svetac, i ništa se ne radi nego vas dan sedi i jedi a ne radi. A zašto? – Da te bog ne pokara! Čujem ja gde neke babe a i neki ljudi govore mojoj majci:»Blago tebi, sestro, kad ti imaš sina u kući tako učena, te ti može svece kazivati da se u radu ne ogrešiš.« A ja kad to čujem, čisto rastem i gordim se, i mislim da sam učen i preučen. Kad mene moje komšinice hvale, mislio sam da mi ne treba ništa više ni učiti. U to vreme tukao se ćesar s Turcima, i sad ne znam ili po zapovesti ćesara ili zbog toga što su se Turci prikučili Valjevu, krene se sav narod k Savi. Tako isto i sve one nahije od Morave koje su se s Turcima zavadile, svoje familije spreme u ćesariju, a muškarci ostanu u vojsci. Ja dobro pamtim kad su natovarili sve na kola, zaokupili stoku, pa smo se onda svi krenuli i dođemo u selo Skelu prema Kupinovu, i tu u kačari Jovana Zazića naložimo vatru i malo se stanimo; pak posle preko Save pređemo u Ašanju i tu malo nešto posedimo, gde sam počeo u školu ići, no ta škola slabo je bolja bila od škole moga popa Stanoja. Koža mi se i sada ježi kad se opomenem onoga narodnjeg preselenija, jer se još dobro opominjem kako je narod pištao i mučio se. Posle, jedne zime, ne pamtim koje godine, očima sam gledao kao đak gde svako jutro po 8 i po 9 frajkoraca donesu iz kvartira i strpaju u stražaru kod škole u Ašanji, pak odande iza dudare po 12 njih strpaju u jednu rupu, i zemljom zaspu. Zatim, da je jošt veća propast i žalost, udari nekakva bolest u sav ovostranski narod te pomre. – Ne mogu reći da se polovina vratila ovamo koliko je onamo prešlo.

Ja ne ostanem dugo u Ašanji, jer moj otac zapovedi te odem u Kumanovo nekom Ignjatu Sabovu, starcu od 70 godina. On je bio star, čestan, dobar i vrlo pobožan čovek, i učaše šestoro dece privatno u svojoj kući. Kako dođem, posadi me s njima za astal i zapita me brat Ignjat (on se nije dao drukčije zvati i ljutio se kad mu kogod rekne da je starac, on je bio otac popa Nikole iz Kupinova): »Šta si učio i šta znaš?« Ja mu odgovorim da sam sve što treba izučio i da sve znam. – »E dobro«, rekne on, »kad si sve učio i sve znaš, a ti bar sedi i slušaj kako ova deca čitaju.« – I tako sam sedeo ja za astalom čitavu nedelju dana, a on mi ništa ne kazuje da čitam. Ja onda pomislim: baš su meni dobro kazivale moje komšinice babe da sam ja učen; međer i moj učitelj Sabov ne zna više od mene, zato on meni ništa ne govori, a kad on od mene više ne zna, što da sedim ovde zaludan – i želeo sam da idem kući. – Ovaj Ignjat Sabov, kažu, učio je u Rumi i, kao što se govorilo, za vreme njegovog učenja tu u Rumi bila je najbolja škola. Onda bile su u Sremu vrlo retke škole i srpske nauke, a i sam posle video sam mnoge stare sveštenike koji su se s naukom malo od naših srbijanskih sveštenika razlikovali. No sad je već drukčije s naukama. U svakoj bašti možeš nabrati po punu torbu učenih kakvih hoćeš, samo ako možeš raspoznati koji je sladak i polezan, a koji li gorak i škodljiv. Mitropolit Stratimirović kažu da je prvi dobre škole za Srbe u Karlovcima uredio.

18

Sedeći ja besposlen nedelju dana, mislio sam da mi ništa više ne treba učiti, i čisto sam se radovao da moj učitelj ne zna više od mene i da ću se kući skoro vratiti, dok on jedno jutro donese mi jednu knjigu, i kad sednem za astal, upita me: »Kad si sve izučio, da vidim znaš li i jesi li i ovu knjižicu učio?« – Ja otvorim knjigu, vidim i poznam slova, i kažem da sam to učio i da znam. No kad počnem da mu čitam, kaže mi on odmah da ja ništa ne znam, jer u čitanju nigde nisam znao gde treba stati, i ko me je slušao nije ništa mogao razumeti šta je. Siromah starac dugo je imao ljutu muku sa mnom dok me je naučio polagano i razgovetno čitati. Zato vam preporučujem gde vam bude dužnost o detinjoj se nauci starati da ne dajete decu neveštu i neučenu, da u početku u bukvaru rđav i ružan temelj ne postavi, jer je to najveće zlo za decu ako se s početka u bukvaru ne upute kako valja, i posle teško ih je popraviti.

Iz Kupinova povratim se posle opet u Ašanju proti Lazaru Georgijeviću, te sam kod njega izučio crkveno pjenije i proče bogoslovske nauke; osim njega tu sam imao dobrog učitelja koji me je učio. Taj prota Lazar rodom je iz sela Sovljaka valjevske nahije, i bio je u Sovljaku prota, pa je zaostao u Sremu, a i sad mu je familija u Sovljaku, Đikići, od prvih familija u nahiji bili su, a i sad su dobri.

Ja se povratim iz Srema kući u Brankovinu 1793. godine i moj otac odmah zapopi me i preda mi nuriju. Ja sam odmah zatim i protom postao. Šta je stalo bilo vladiki što nisam jošte ni brade ni brkova imao; on je želeo učiniti knezu hater, a valjda mu je i novaca trebalo! – Kako su mi posle kazivali otac i mati, ja sam se zapopio u polovini moje šesnaeste godine. Zaista morao sam vrlo mlad biti, jer kad su me hteli popiti, vrlo sam se bio uplašio, a osobito kad su me za vrat uhvatili i oltaru poveli, jer onaj jedan đakon što me je vodio reče mi polako od šale:

»Reci zbogom beli svete, sad ćeš da pogineš!« I meni se onda učinilo da ću zaista svet da promenim. No posle vidim kako je to lepo biti popa.

Da vam kažem kako me otac sovetovao: »Sine«, rekne mi on kad sam prvi put u moju nuriju polazio, »ti si jošt mlad i ne znaš kakav je svet, ti si vrlo mlad i nigde gotovo nećeš biti u društvu tvojih parnjaka u godinama, nego ćeš dolaziti sve među starije ljude. Zato na saboru, i na slavi, i na svadbi, nemoj mnogo govoriti, nego slušaj šta stariji ljudi govore. Ako počneš tako mlad druge da učiš pameti i mudrosti, onda ti nigda mudar biti nećeš. Kad govoriš štogod, svi će slušati, ali nemoj ti sebi da uvrtiš u glavu, da oni tebe zato slušaju što ti najmudrije govoriš; oni će te zato slušati što si njihov popa, i što si moj sin, i kad što pogrešiš, niko ti neće kazati: nije tako, ali svaki će pomisliti. Zato mudro se vladaj i ono što ti se sada učini da nije onako kao što stariji ljudi govore, a ti nemoj odmah da se plećeš u svađu, nego pričekaj dok dođeš u godine onih ljudi, pa tek ako i onda vidiš da nije onako, a ti kaži.« Potom uzme moj otac jednu veliku čašu punu vina, i pošto otpije za jedno dva prsta, rekne mi: »Prve godine kad ideš po nuriji samo ovoliko pij od svake čaše kojom te ponude; druge godine ovoliko«, i potom opet srkne malo vina; »treće godine možeš do pola čaše piti. Tek četvrte i pete godine možeš do dna čašu popiti, i opet svi će nurijaši, sećati se tvojih prvih godina i svi će govoriti: »Naš popa ništa ne pije«. Ja sam slušao moga oca i sećao sam se celog života sviju njegovih soveta, i bio sam spokojan, zadovoljan i srećan. Sledujte mom primeru, sledujte toj čaši moga oca, ne samo u piću nego i svima drugim strastima i naklonostima, pa ćete biti srećni. Vaše reči, vaša delanja, naklonosti i uživanja upravljajte svagda prema vremenu i prema godinama vašeg života. S merom i u svoje vreme mnogo se koješta čini bez štete, što pred sudom zdravoga razuma ne bi se moglo opravdati sasvim. Teško onome koji prvu čašu svake svoje naklonosti do dna ispije!

U to vreme (1793. godine) bio je paroh stari moj učitelj popa Stanoje i pop Nikola iz Kršne Glave, oba stari i ne velike nauke, no što se tiče krstiti i venčati i druge obrede crkvene, to su dobro znali i mene u tome poučavali. Posle smrti popa Stanoja otac moj zapopi brata njegovog Panteliju, koji je učio malo u manastiru Studenici, i popa Matu, koji je učio kod Svetogoraca putujući. Sad se meni vrlo neobično učini kako narod u crkvi stoji izmešato, nit se zna koji je stariji, koji li je mlađi, nit se zna gde stoji muško ni žensko. I to kad dođu k crkvi o Bogojavljeniju, Zadušnicama, Blagoveštenijiju, Voskreseniju, Petrovu dne, svega da reknem deset puta ili malo nešto više na godinu, a ono, kako klepalo udari, onda grne sav narod u crkvu i hoće na vratima da se podavi, i ko pre uđe, žena ili čovek taj napred i stoji. Tu su izmešate žene, ljudi, deca i devojke, i u crkvi diže se razgovor i ništa se ne čuje šta sveštenik iz oltara čita. Teško mi je do boga bilo, jerbo sam video u Sremu kako se činovno po crkvama stoji, i žene baška a ljudi baška. To je isto i otac moj video i gdekoji naš komšija, koji su nam mnogo pomagali kad smo red uvodili, dokazujući narodu. Počnemo se starati najpre kmetove i kućne starešine napolju učiti i kazivati kako je bolje i za dušu poleznije, no svaki kod svoje kuće da kaže: »Ko god pođe crkvi, bilo muško, bilo žensko, da sluša popove, i kako i gde popovi zapovede, onde i onako svaki da stoji.« Mi mlađi popovi uredimo, i kako klepalo udari i narod u crkvu povrvi, a mi po jedan stanemo na vratima i ljude propuštamo redom, starije napred, a žene vraćamo da idu na druga zapadna vrata u prepratu svoju. Kad veće svi uđu i ljudi stanu i nameste se, a žene u preprati, i opet počnu se razgovarati: šta je ovo, kakav je ovo novi običaj, te nam ni u crkvu kao dosad ne dadu novi popovi ulaziti, kažemo mi da ćute i kažemo im da su oni svi u crkvi kao na nebu a pred oltarom kao pred samim bogom, no da stoje, ćute i slušaju šta sveštenici u oltaru čitaju i proče. – Oni istina ućute na malo, no opet, osobito žene, počnu razgovor i vrevu. Onda, obično moj otac, kad je u crkvi, opomene narod i zapreti da ćute. Da vidite, deco, da je popa celi dan govorio, ne bi tako ućutkao kao mog oca nekoliko reči. Svi ćute kao da vodom svakog zaliješ. Zato, velim, nema crkve ni uredbe bez mirske vlasti, a ni mirske bez duhovne; treba jedna drugu da potkrepljava, ako su rade da obe vlasti postojane budu. Ako li jedna nad drugom neko preimućstvo traži, to su obe kod prostog naroda slabe, i ili kasno ili skoro obe propale.

Također doterali smo ih u red da sa velikim molčanijem idu na celivanje, najpre stari ljudi, a posle žene, potom devojke, i sve po dvoje pred ikonom u jedan red po dvaput se prekrste, na desnu stranu oltara, pak levu celivaju. Jošt i to smo uredili i svaki sveštenik svoju nuriju popiše žensko i muško u jedan tevter. I zapovedimo starešinama (kućevnim) da svako mora dovesti na ispovest, a starešina mora najposle ostati. Ona dva stara (sveštenika) ispovedaju stare ljude a nas trojica mlada učimo decu kako se valja krstiti, bogu se moliti i oca i majku u ruku ljubiti i počitovati, i proče, i koje god dete prestane na ispovest, pored njegovog imena u tevteru zabeležimo krstić.

21

I to mogu slobodno kazati da u našoj nuriji – sva sela koja crkvi u Brankovinu idu – niko na kakav drugi sud nije išao niti je kavge bilo. Sve to mi poravnamo i pomirimo, uveravajući dobre o carstvu nebesnom, a strašeći zle mukom večnom. Nas je bilo u selima koja su brankovičkoj crkvi dolazila pet popova no nismo delili, nego naši nurijaši, od nas pet koga prvog nađu, zovu ga, te čita molitvu ili krsti i proče; i svaki popa neće reći: »Nije to moja nurija, neću da te venčam, ili molitvu čitam« – nego svaki svrši za što se pozove, pa što zasluži dade onome čija je nurija. Mi smo svi sveštenici kao braća živeli, a narod nas je kao apostole počitovao i slušao, tako da su i od okolnih nurija dolazili i gledali i crkvi milostinje kao u manastire davali, a sveštenici drugi od nas običaje primali.

Sad opet da vam pripovedam iz žitija moga oca.

Mihaljević naturi ćupriju na Savu, topove prevuče i na Zabrežju šanac načini. Izađe zapovest da sve nahije od Medvednika i Morave, koje su se s Turcima zavadile, svoje familije u Ćesariju presele. (Čete oko Beograda predvodio je Radič Petrović, koji je posle s Nemcima na Francuze kao kapetan vojevao i nemešag dobio, a uz Karađorđev rat to sve ostavio i nama u pomoć došao. U to vreme dođe major Lukić u Valjevo i na Kličevcu šanac načini, skupi četnike, kako mi je otac kazivao, 1800 momaka koji su šanac čuvali i s Turcima oko planina tukli se.) Međutim, Mihaljević ode s vojskom u Jagodinu i zapovedi te moj otac odvede sve četnike u Jagodinu i tamo ih u frajkorski mundir obuku, svoje oružje ostave a šoce uzmu, pa se potom opet vrate na Kličevac da se egzerciraju. Kličevac je brdo od severne strane više Valjeva, gde se i sada poznaje mesto onoga šanca. Tu je bilo oficira iz Srema, sve samih Srba: major Lukić, kapetan Kljunović i kapetan Bežanović; a iz valjevske nahije bio je moj otac Aleksa oberlajtnant, Petar Rakarac, Lazar Ilić, Mali Janko i Milisav Milošević lajtnanti; pop Đuka bio je fendrik, a Đoka Mićanović stražmešter. Tu sam gledao kako moj otac, da bi i drugim ljudima omilio egzercir, skine oficirski mundir pa stane u red i egzercira se kao prost frajkorac.

Nemci pouzimaše gradove, kao: Šabac, Beograd, Smederevo, i tukoše Soko, kuće popališe ali grad uzeti ne mogoše.

22

Kad su Nemci Beograd tukli, onda je moj otac Aleksa sa 700 momaka između Pančeva i Beograda u nekakvim ritovima 15 dana čuvao ćesarovu vojsku, a kad se Beograd predao, opet se k Valjevu povratio.

Kad već Nemci s Turčinom učine mir i u Srbiji što su osvojili sve povrate Turkom, i ćesareva vojska ode natrag, a frajkorci odu svaki svojoj kući, budući je od sultana amnestija čitana; onda svi srbijanski oficiri skupe se kod Mihaljevića u Sremskim Karlovcima, gde je on Nemcima račun morao davati za ratne troškove. Mihaljević ponudi sve oficire da ostanu u carevoj službi, i da će svaki svoju platu uživati. Moj otac rekne Mihaljeviću: »Ja ovde ostati neću, ja ću da idem na moju očevinu, gde sam se rodio.« Mihaljević, koji je moga oca pazio i uvažavao, rekne: »A zašto, Aleksa, ti nećeš da ostaneš u našega cara službi, pak ćeš skoro kapetanom vanžirati, a zakleo si se da ćeš našem caru veran biti?« Moj otac odgovori: »Istina je da sam se zakleo da ću mu biti veran i protiv Turčina za slobodu očevine moje vojevati, i poznato vam je da ja moje zakletve ne prestupam niti cara izneveravam i ostavljam, no car ostavlja mene i sav narod srpski, kao njegovi stari što su naše pradede ostavljali, zato idem natrag preko Save, a nemam pisara ni drugih učenih ljudi, no ću ići od manastira do manastira i kazivati svakom kaluđeru i popu da u svakom manastiru zapišu da više nikad tko je Srbin Nemcu ne veruje. – Mihaljević: »Ćuti, Aleksa, da od boga nađeš, čuće Nemci pa će te olovom zaliti.« – »Ja – reče – to Srbinu kažem, a ne Nemcu; i Nemcu ću to isto kazati i svakom.«

Moj otac vrati se kući u Brankovinu, a za njim Lazar Ilić iz Jabučja i Petar iz Rakara, a oni drugi ostanu, te su svi išli na Francuza vojevati, kao Mali Janko, Milisav Milošević (koji je ostao živ od Francuza i opet pređe nama u pomoć i pogibe na Mišaru, 1806. godine), Đuka fendrik, Đoka Mićanović stražmešter i mnogi drugi. (Žao mi je što ne znam sve iz Srbije oficire, a naravno bilo ih je dosta koji su ostali i na Francuza išli, osim samo Valjevaca što su bili – i malo je koji došao.) Moj otac dobije penziju i vrati se kući. Kad on dođe kući, a to nahija ostala bez starešine i bez suda. Paša došao, primio Beograd po traktatu s malo Turaka. Kako su Nemci otišli, a Turci jošt svoje sudove ne postavili, to moj otac počne suditi kao knez ili obrlajtnant, i svud je po nahiji hodio i narod mu se dobro povinovao. Tek posle godine dana postave Turci svoje sudove po kasabama, i tako u Valjevu je bio muselim i kadija, a on u nahiji knez kao i pre nemačkog rata. Nikola Grbović preko Kolubare bio je ljiški knez; a Podgorci kojima je knez bio umro dođu moliti mog oca da sjedini Podgorje sa svojom knežinom i da obadve knežine drži, ili da im on dade kakvoga iz svoje knežine kneza. On premda je one godine sudio i tamo, nije se hteo prihvatiti za svu knežinu, no rekne im da oni između sebe kneza izaberu; a oni reknu: »A ti nam daj zasad bar Joku iz Rabasa da nam knezuje.« On im kaže da je to mučna stvar jednom čoveku iz druge knežine u tuđoj knežini knezovati. »A kad baš hoćete za kneza Joku iz Rabasa, onda eto vam uzmite zajedno s njime i selo Rabas od moje knežine, a i tako je na međi; to selo neka bude odsad pod vašom knežinom.« – I tako Podgorci budu zadovoljni. Dok 1792.[1] godine čujem ja u Sremu, gde sam u školi bio da je moj otac od Turaka ranjen. Neki Turčin Musta-beg Jajić, koji je u prošlom ratu primio u bojevima pizmu na mog oca, rekne u Valjevu: »Hodi-de, Aleksa, da ti nešto kažem.« On se kao poznaniku prikući, a Turčin ispod skuta opali pištoljem i malo ga preko rebara rani i košulju na njemu zapali. Turčin, koji je veće spremna konja držao, pobegne u Bosnu, a moj otac ostane da po knežini i dalje sudi i uređuje. On kako je video u ono ratno doba po Sremu i Banatu kako su sela na kumpanije podeljena, jošte kako se vratio iz Karlovaca, odmah je naredio kod svake crkve po jednog glavnoga kmeta nad onim selima koja god onoj crkvi idu, a svakoj crkvi išlo je po 8 i po 10 sela, i tako ti kmetovi zvali su se sreskim kmetovima. Šta je god hteo i imao zapovedati, slao je svoga buljubašu i pandure kmetu, a kmet je opet knezovsku naredbu seljacima kazivao, i tako je sebi trud olakšavao. On je neprestano po knežini hodao i koga kmetovi i seljaci optuže, i da je kriv vidi, kaznio ga je onde gde je pogrešio. A za vrlo velike krivice morao je slati u aps muselimu i kadiji (u Valjevo).

Budući da je običaj bio da i muselim i kadija pod arendu zakupljuju svoja mesta za suđenje, tako je Asan-aga, brat Osman-paše iz Srebrnice, zakupio muselimluk, a brat mu kadiluk u Valjevu (to su bili obadva stričevi onog dobrog

---

[1] U prvom izdanju stoji pogrešno 790. godine (Lj. K.)

24

Hadži-bega, našeg srpskog prijatelja u poslednje Karađorđevo vreme).

Kako su turski sudarci imali običaj da svakoga ko je i najmanje kriv, Srbin ili Turčin, kad padne u aps, da ga globe i koliko više mogu da uzmu, to je svagda moj otac u takvom slučaju zastupao i odgovarao kako Srbina tako i prava Turčina, i globiti nije davao; zato su ga pošteni i mirni i Turci vrlo uvažavali; a osobito Srbi i ljubili su ga kao svoga oca i poštovali kao najvećeg od Turaka zastupnika. Jerbo kako se kakav muselim ili kadija pokaže kao veliki globar, a on se dogovori sa knezom Grbovićem i Birčaninom, pa pokupe i obuku najrečitije kmetove u najsiromašnije haljine, učine skupštinu, priglase i neke poštene žitelje Turke i dođu na mešćemu pak viknu na zulum, napišu prošenije u kom opišu sav zulum i da ga sirotinja ne može više da trpi, no paša da ga digne ili sirotinja hoće da bega u Kaure (u Srem). Potom to prošenije uzme moj otac i odnese veziru, koji ga je vrlo pazio i uvažavao, i sa sobom dovede boljeg sudiju. Tako sam čuo da su za 12 godina (toliko su Turci posle Nemaca do Karađorđa držali) promenili osamnaest koje nepravednih kadija, koje zlih muselima. Tako je sloga i pod Turcima vrlo pomagala. Gde su knezovi u ljubavi, tu su i kmetovi i sirotinja svi u ljubavi i poslušaniju.

Pitate me kakve su to skupštine za Turaka bivale i kako su se smeli skupljati? – To, istina nije bilo novo, to je može biti jošte od Kosova ostalo, a može biti da su bivale skupštine jošte i za vreme naših careva. – No ove skupštine koje ja pamtim ovako su bivale: sva tri kneza, moj otac Aleksa, Nikola Grbović i Birčanin Ilija, zajedno po s nekoliko kmetova dođu u Valjevo i donesu svaki od svoje knežine račune na sud, ako je preko koje knežine prešao kakav paša, ili drugi kakav Turčin, na koga se mnogo na dočekivanje potrošilo, ili su kakvu japiju ili što drugo plaćali što se mora na svu nahiju porezati. U mešćemi predsedava po nekoliko starih Turaka, aga, oni tevtere vide i kad priznadu da su tevteri uputni, onda kadija potvrdi svojim murom. Knezovi uzmu taj tevter rashoda i odnesu veziru u Beograd, koji i svoju porezu troškovima doda i buruntiju napiše koliko na jednu oženjenu glavu dolazi, pa tako jednih puta dođe na mešćemsku glavu po sto, a katkad i više groša o Mitrovu dnu i o Đurđevu dnu. No treba i to znati da u valjevskoj nahiji mešćemskih glava nije više bilo upisanih nego samo 750. Tako su knezovi posle nemačkog rata kazali prvom veziru, i toliko su posle svagda držali, a ono kad porežu u narodu po oženjenim glavama, to dođe po 8 ili najviše po 10 groša, jerbo su knezovi glave od vezira krili, a spahije i drugi Turci koji su znali nisu veziru hteli kazivati. No knezovi kad su išli veziru poradi poreze, povedu sreske kmetove najbolje gazde, koji obuku se u najsiromašnije haljine, kroz kapu propali perčini, kroz čakšire kolena, kroz opanke prsti propali, a kad dođu tamo kod vezira, poviču: »Aman, aman za carevo zdravlje! Mnogo je poreza davati, ne možemo, eto kakvi smo, goli i bosi, a mi smo zlehudne najbolje gazde u sirotinji, ko će od nas ovakvih dati po 100 i po 160 groša na glavu« i proče. – Onda vezir popusti malo od poreze. Tako su i svi knezovi od svega pašaluka radili i svoje kmetove dovodili, i u Beogradu se sastane katkad po 200 i više kmetova i knezova u toj velikoj skupštini. I dogovore se svi knezovi, pak knezovi i kmetovi u pašine saraje. Knezovi uđu kod paše, a sirotinjski kmetovi u avliji, ali to biva obično sutradan, kad veće vezir razreže porezu, pak im se učini mnogo, i kad svi čuju, i onda idu pred saraje i viču, i pomažu, do boga se čuje, a paša im ponešto odobri i umanji. Sad naša tri kneza dođu u knežine, ali jošte uz put idući poruče svaki u svoju knežinu, opredele dan u koji će doći od svakoga sela po dva i po tri čoveka u Valjevo, i tu se od sve tri knežine sastane više od 300 ljudi, i odu na mešćemu; dođu i mesne age; kadija prouči vezirovu buruntiju i kaže kolika je poreza. Sad ona tri kneza podele porezu ovako: ako je 100 hiljada, to moj otac nosi 50 hiljada, to jest pola na njegovu od Valjeva do Save knežinu, jerbo je u njegovoj knežini žitorodnija zemlja i žirorodna; sad onu polu deli Grbović i Birčanin na pole 50.000, pa opet skine Grbović sa Birčanina deseti groš te ponese na svoju knežinu, jerbo je opet u njegovoj knežini bolja zemlja nego u birčanskoj. A to se sve pod vedrim nebom pred svom skupštinom radi i deli, i tako se rastanu, pa potom svaki knez sazove od svoje knežine od svakoga sela po dva, po tri čoveka. Tako je moj otac sazivao skupštinu na Reljino polje na kršnoglavskom ataru. (Ne znam zašto se zove Reljino polje, a imaju dva kamena velika, i vrlo udaleko stoje, i to pričaju da je skakao Relja Krilatica, i da se onde svagda brala za Turaka skupština od nepoznatih vremena, a i za

Nemca, kada su hoteli robijaše, kola, profuntu i druge robije, sve su se onde kmetovi skupljali i dogovore i razreze činili, a i mi smo za Karađorđa.) Tako je knez Nikola Grbović u svojoj knežini na Ljubeninu polju a Birčanin na Ponura. Kad se na Reljinom polju pokupe kmetovi, svaki od svoga sela dovede ako mu ima slepac ili bogalj ili kakav drugi sakat ili ubogi siromah, i sve ih pred kneza i kmetove uparade, i knez zapita:»Eto, braćo, ovo siromaka koje vidimo; hoćemo li ili nećemo na njih porezu udariti?« – Onda kmetovi provide i reknu:»Ovaj more, a ovaj ne more davati.« I tako se svrši i poreza razreže, i posle knezovi kupe i veziru odnose.

(Najvećma su na glasu bili u ono 12 godina naša tri kneza valjevska, i knez Ranko šabački iz Svileuve, knez Nikola iz rudničke, knez Petar iz ćuprijske, Palalija iz beogradske; i za druge sam slušao koje moj otac hvali, ali sam im imena poboravio. Ali su Aleksa iz Brankovine i Petar iz Ćuprije najprebraniji kod vezira bili.)

II

Kad su sve age i zli Turci pobegli u Vidin (pošto im je Hadži Mustafa-paša ubio u Beogradu poglavicu Kara-Smaila), onda nekako se pritaje Bega Novljanin i Ćurt-oglija u Šapcu. Obojica su se iz Bosne doselili. U to vreme knez Ranko Lazarević iz Svileuve dođe u srpski Šabac-bair na konak, no sutradan dođu Bega Novljanin i Ćurt-oglija i ubiju kneza Ranka iz pušaka, pak zatvore se u grad; to je bilo baš uz časni post 1800. godine. – Posle toga dođe mom ocu pop Luka, bratučed kneza Ranka, i žali se kako Turci ne samo što su kneza Ranka ubili nego jošte ištu globe 2.500 groša. On zamoli moga oca te mu uzajmi te novce da se otkupi da mu kuću ne haraju. Kad ode pop Luka Lazarević, dozove moj otac mene da pišem pismo veziru. On diktira a ja napišem pismo, ukoliko se opominjem o tome, kako su u Šapcu ostala prikrivena dva zlikovca (janičarina), koji su Ranka kneza šabačkog ubili. » ... Mi knezovi u carevu i tvome izmetu (poslu) noge do kolena, a ruke do lakata. Pa kad ćemo po carevim čaršijama od zulumćara ginuti, to podnositi dalje nećemo, no ti gledaj koga ćeš postaviti knezom valjevske na-

27

hije, a ja više ni u čaršiju otići neću, a to li ću knezovati; nego ću iz careve zemlje begati sa životom u Nemačku« i pročaja. On pošlje to pismo Hadži Mustafa-paši u Beograd. Posle nekog vremena dođe jedan pašin kavaz u Brankovinu našoj kući na konak, i sve se tajno sa mojim ocem razgovara. Kad sutra rano kavaz ode, pita me joj otac: »Znaš li što onaj kavaz dolazi?« Kažem ja da ne znam. »Poslao ga«, veli, »Hadži Musta-paša da mi iz usta kaže da je vezir rekao: da ako on kneza Ranka ne pokaje, onda veli, Aleksa neka ide kuda hoće sebi selamet tražiti.« I kaže mi da mu je vezir po tom kavazu poručio da sprema na Paležu konak za vojsku koja će na Šabac poći i povući dva topa, ali to sve tajno. Moj otac ode odmah na Palež i zacelo prođe vojska, oko 800 krdžalija, i ode hitno na Šabac, na Bair. Bego Novljanin i Ćurt-oglija, ubilci kneza Ranka, sa svojim društvom zatvore se u grad. Krdžalije počnu iz pušaka i topova tući, i baš na naš Veliki četvrtak (5. aprila 1800. godine) zapale šabačke kule, a Bega i Ćurt-oglija, prokopavši kameni grad do Save, pobegnu u Bosnu, a sav grad i kule izgore. Njihovo društvo pohvata vojska, izvezu dva topa na čaršiju, i njih 27 za jednoga kneza Ranka udave konopcem nasred čaršije, i po turskom običaju, kad jednog udave, pukne jedan top.

Tako Hadži Musta-paša osveti kneza Ranka i svima janičarima takav strah zadade da se ni ime janičarsko u beogradskom pašaluku nije smelo izreći, Hadži Musta-paša, videći sebe i svoj pašaluk u opasnosti od Pasmandžije i od ove dvojice u Bosnu pobekše, poboji se da i oni od Bosne ne dignu vojsku i ne pođu na njega. Zato je morao sve više vojske kojekud skupljati da se brani, a zbog toga morao je i porezu povišavati da vojsci tain (ranu) i platu izdaje. Kad knezovi vide da vezir svake poreze sve više porezuje i uzima, oni se dogovore i svi se skupe. Na toj skupštini bili su: od valjevske nahije moj otac Aleksa, Ilija Birčanin i Nikola Grbović, iz rudničke nahije knez Nikola, iz ćuprijske knez Petar, iz beogradske knez (Stevan Andrejić) Palalija i knez Stanoje (Mihailović) iz Zeoka i jošte drugi. Tu se dogovore da uzmu hatišerif kog su izvadili od Porte (1793. godine) i u kome stoji upisano: da sav pašaluk beogradski ima davati poreze na 20.000 glava oženjenih po 20 groša, a Hadži Musta-paša skoro jošte toliko počeo da udara. (Taj su hatišerif svi knezovi dogovorno bili dali beogradskom mitropolitu

Metodiju, kao glavi naše crkve i zakona, na amanet da ga čuva kao najveće dobro narodno.)

Odu knezovi veziru i poklone se po običaju, i pošto su malo dvorili, rekne te redom posedaju, i on lepo se s njima razgovarao kao god otac s najboljim sinovima; popiju kafu i ništa o hatišerifu ne spomenu, no odu posle toga mitropolitu Metodiju, požale se kako vezir preko hatišerifa podigao porez, i kako već sirotinja ne može da daje, niti ima od kud, i kažu da je i njemu poznato, hodajući po eparhiji, kako i on svoju dimnicu jedva može pokupiti.»Nego da nam daš hatišerif – reknu knezovi – da odnesemo neka vidi vezir, i po hatišerifu neka udara porezu kako je car odredio.« – »Kala, kala, sutra hoćem da vam dam ferman«, odgovori Metodije. Knezovi odu na konak, a mitropolit Metodije uzjaše na konja, te ti u grad veziru, i kaže mu kako knezovi hoće da uzmu od njega hatišerif i da njemu – veziru – donesu da po hatišerifu porez udara a ne više, zato neka se pripravi šta će im odgovoriti i pročaja. Sutradan dođe moj otac i knez Petar mitropolitu da im dade hatišerif, a on im rekne:»Otiđite najpre do vezira, pa dođite onda po ferman.« – Knezovi svi skupa odu i pozadugo postoje, preko običaja, pred sobom vezirskom.

Dockan otvore se vrata od sobe vezirove i, kad knezovi uđu, poklone se i po običaju priđu skutu, potom izmaknu se i u red stanu. Vezir zapalio nargile pa puši, a okrenuo glavu u drugo ćoše sobe, a neće ni jednoga kneza da vidi. Tako stojali su knezovi čitava dva sata, a on niti govori da sednu ni da idu, već jednako ćuti i puši, a knezovi takođe ćute i čepore nogama. Očima jedan drugoga pitali su: gde je naš stari Hadži Musta-paša, ne možemo da ga poznamo, ovo nije on no Grk Metodije mučitelj (govori se da Metodije nije Grk nego Ermenin, pa se pokrstio). Posle tako dugog stajanja najedanput okrete se vezir, pusti dim iz usta pak reče:»E, knezovi, zašto ne govorite što ste došli?«

»Ja temena učinim – pričao mi je o tome moj otac – i počnem da govorim:»Paša efendum . . .« a on mi preseče reč:»Ja znam šta vi tražite, vi hoćete da udarim porezu po hatišerifu carskom; to i ja hoću, ja neću jednu aspru više nego što se u fermanu piše. Zar vi ne znate to, kad je meni čestiti car beogradski masip dao, nije mi nikakve hazne druge dao no da od vas uzimam, a vas od svakoga zuluma branim?

29

A i vi sami vidite koliko ja vojske držim s kojom branim i sebe i vas od čitluk-sajbija; i jošt mi valja skupiti vojske. No kad vi to hoćete, to je i za mene lakše! Ja ću mome bratu, vidinskome veziru Pazmandži-oglu, jedno pismo pisati i s njim se pomiriti, moje vojske umaliti, a samo carski grad čuvati i onda baš po hatišerifu carskom nijednu aspru više od vas uzimati neću, nego onoliko koliko hatišerif glasi; a eto vas i vaših aga i subaša pa kako vam bog dade!« – Učinim temena i odgovorim:»Istina je, čestiti pašo, to mi vidimo sami da je tako; no, evo, muke i nevolje: u narodu novaca nema, i nema otkud da nađe, a ne žalimo. Već smo sve sa dece pootkidali, gde je najmanja para od uroka bila. Vidite i sami da je sve sirotinja i da smo sve turske kuće slugama i sluškinjama napunili; i jošt bi u najam davali da imamo kome, da bi samo koju paru zaslužili i danak plaćali. Ono malo stoke, da imamo kome, u pola cene prodavali bi, no trgovaca nema. Nego dopusti nam da idemo da se dogovorimo ne bi li našli način u čemu bi se pomoći mogli.« – Vezir mahnu rukom: »Ej isadile (srećan vam put)!« – Tako ti mi, ne sedevši nimalo kod vezira, iziđemo i svi reknemo uz put idući:»Bogme, brate, onako je, vezir pogodi.« – Odemo na konake onako umorni od dugog stajanja.

»Pred veče skupe se svi knezovi u Šundin han, gde sam ja (Aleksa) bio na konaku, i nađemo da su pašine reči sve istinite, i ako on ne drži dosta vojske, to će osvojiti vidinske age i subaše, pak će pet puta više sami uzimati, nego što će od nas iskati vezir da mu mi dajemo. Bilo je razgovora od svake ruke, najposle reknem ja ostalim knezovima:

»Ne bi li dobro bilo da predložimo veziru i obreknemo našu vojsku u pomoć dati mu? Kad Vidinlije na njega pođu da ih dočekamo i razbijemo, pak mi opet našim kućama da idemo.« To svi knezovi odobre tako da se veziru predstavi, a svi jednako da vičemo: nema se novaca i nema se otkud davati.

»Sutra odemo veziru, pusti nas odmah u arz-odaju, gde vezir sedi, priđemo skutu i istupimo se natrag, i stanemo snuždeni. Vezir rekne:»E, knezovi, jeste li se dogovorili i šta ste se dogovorili?« – Ja učinim temena i odgovorim:»Jesmo, čestiti pašo. Jučerašnje tvoje reči istinite su i svete. Poznajemo i sami da nas od zuluma braniti ne možeš bez vojske, a vojske bez novaca držati ne možeš. Ali je velika muka i nevolja što novaca u sirotinje nema, niti se otkuda dobiti može, a ako upustimo janičare vidinske na ovako siromašnu raju, onda će sva sirotinja pobeći u Karšiju (Nemačku) i sva će careva zemlja pusta i prazna ostati...« – »Tako je, tako«, preseče mi reč vezir. – »Mi smo svakojako mislili – produžim ja – no ni od koje ruke do novaca doći ne mogasmo. No od sve muke i nevolje mi smo se svi dogovorili: kada Vidinlije odozgo pođu da ti mi knezovi dovedemo naše vojske, te razbi Vidinlije, a mi ćemo posle svaki svojoj kući bez ajluka i bez tajina vratiti se; a ti više vojske da ne kupiš i na tajinu i na trošku da ne držiš. To je naš odgovor, čestiti pašo, ako ga samo ti okabuliš.« – Onda vezir: »Peki, peki, hoćete li vi tako svi knezovi?« – »Hoćemo – odgovore oni uglas – čestiti pašo, hoćemo u podne, u ponoći, kad nam god poručiš, i gde rekneš, dovešćemo ti onoliko vojske koliko ovde reknemo i obreknemo.« – Na to paša: »Da-ej, da-ej, benda severum (jošt bolje, jošt bolje, i ja to milujem)!« Zatim pljesne dlan o dlan i vikne: »Jazidži đel!« (da mu dođe pisar), i ponudi nas da sednemo. Pomozi bože, povrati se naš paša! Kafa se donese i razgovor se povede koliko će koja nahija dati vojske. Valjevska i beogradska nahija, koje su blizu, dadu više: valjevska 1.800 a beogradska 750 momaka. I tako prema broju glava i vojsku sve u tefter popisa, i svakom knezu kopiju dade koliko je dužan vojnika Srba dovesti, kad i gde rekne paša. »Sad hajdete i u nahijama svaki toliko popišite da su svagda gotovi sa oružjem, opancima i rubom i sve što vojniku treba. Vi, knezovi, kad ja poručim, koji ne dođe s vojskom, u njegovu glavu.« – Mi mu blagodarimo i odemo veseli što smo opet našeg Hadži Musta-pašu povratili u njegovu staru dobrotu, koga mitropolit Metodije beše poturčio.«

Ovo mi je deco, ovako sve da je bilo, moj otac kazivao, a ja vama pripovedam, i žao mi je što ne mogu da znam koje je godine to bivalo. Ovo dalje već i ja dobro pamtim.

Kako knezovi odu iz Beograda, Hadži Mustafa-paša pošalje svoje buruntije u svaku kasabu i svakoga pazara viče po čaršiji telal: »Čuj, čoječe! Ko je Srbin a nema duge puške, dva pištolja i veliki nož, neka proda jedinu kravu i pusat sebi kupi. Tako je od čestitoga vezira zapovest. Koji to ne nabavi, pedeset štapa po tabani i pedeset groša globe. Haj, čujte i počujte, taka je od vezira zapovest!«

Sad moj otac dozove odmah buljubaše Živana iz Kaleni-ća, Arseniju Raonića iz Loznice, Đukana iz Orašca, Vasilja iz Bajevca i Koju iz Tulara, i svakoga vojnika kaže, i ja mu u tefter upišem ime i prezime i selo iz koga je; i odoše buljubaše svaki svoje upisnike spremiti, na prvo pozivanje da budu gotovi. (Tih istih teftera naći ćete, deco, jednu polovinu u mojim pismima, a druga polovina izderala se; a to je sačuvao duhovnik Jeremija u manastiru Grabovcu, gde je moj otac onda vojsku iskupio.) Tako su i knez Nikola Grbović i Ilija Birčanin u svojim knežinama uredili.

Opet vidinska vojska pođe na Beograd, jedna udara na Požarevac, a druga na Ćupri-Palanku. Uzmu Ćupriju gde je bio Tosun-aga predvoditelj. Na Požarevcu potuče se pašina i srpska vojska s Vidinlijama, no Vidinlije i tu nadvladaju i prodru hitno na Beograd i beogradsku varoš osvoje. (Pred srpskom vojskom bio je poglavar na Požarevcu neki iz Smedereva što se zvao Arambašić Stanko. On je bio hrabar vojnik sa Srbima protivu Vidinlija, ali ga Turci na prevari ubiju u Smederevu.) Vezir se zatvori u Beogradskom gradu. Međutim, moj otac skupio je bio vojsku u manastiru Grabovcu, čuje da su Vidinlije varoš beogradsku osvojili. On (Aleksa), Birčanin i Nikola Grbović sednu na Paležu u lađu i dođu veziru u donji grad. Zapita vezir:»Kamo vojska?« – Kažu mu oni da je sva vojska gotova u Grabovcu, no ne mogu ući u grad, jer su Vidinlije kapije zatvorili. Vezir rekne:»Ostani ti ovde, Aleksa, a Birčanin i Grbović neka idu i neka vojsku u lađama dovedu.« Ode Birčanin i Grbović u Grabovac, uzmu vojsku, na Paležu sednu u lađe i noću dođu na Su-kapiju u donji grad. Kad se malo poodmore, razrede se: spahije na Vidin-kapiju, vezirova tevabija na Stambol-kapiju, moj otac s valjevskom vojskom na kapiju uza Savu (onda nije bilo pokraj Save kuća), i u jedan mah juriše i Vidinlije isteraju iz varoši. Jedan bimbaša vidinski zatvori se u crkvu, i tuče se iz crkve, a Srbi naši opkole ga. Knez Ilija Birčanin uzme jedno odelenije vojske i sa pročim oteraju Vidinlije do Smedereva, gde se zatvore u smederevski grad, kuda vezir pošlje topove, te ih i odatle isteraju i oteraju do Vidina. Moj otac ostane s vojskom u donjem gradu kod vezira, i što nije moglo vojske stati u najgornju kasarnu, paša dade trsku te oko kasarne naprave kolibe. Vezir dade vojsci rakije i vina na naš Božić, i naša vojska, igrajući i pevajući, zapali one kolibe od trske pored kasarne, i iz te vatre pukne jedna puška i ubije nekoga Aleksicu iz Joševe. Pet dana po Božiću dođem i ja tu i donesem mom ocu košulje i druge potrebe; nađem moga oca na Su-kapiji. Tu sam video preko stotine glava vidinskih Turaka, koje su odsečene i pred vezirovim konakom stajale; i to je prvi put što sam mrtvu odsečenu glavu video. – Onaj bimbaša, što se u crkvu bio s društvom zatvorio i iz crkve tukao se, nije se veziru hteo predati nego preda se mom ocu i pobratimi ga, a on ga propusti u Vidin. (Ovaj isti bimbaša, u početku Karađorđeva rata, 1804. godine oko 20. maja meseca, zastao se bio s vojskom u Požarevcu, gde ga moj stric Jakov i Karađorđe opkole; i kad se taj bimbaša i tu preda, rekne Jakovu: »Čuješ, Jakove, tvoj me brat Aleksa u Beogradu iz crkve predavao, a ti sad ovde, odsad gde čujem da ima vaš soj neću na tu kavgu ići.«) Ja sam svuda po gradu išao s buljubašama moga oca; išao sam s ocem i veziru. Naša vojska sasvim je u gradu vladala i sav grad bio je gotovo kao opljačkan; ni na topu ni na pendžerima nigde ni najmanje gvozdene čivije nema, sve su to braća poskidala i počupala, pa po komordžijama kući poslala. To sve vidi paša, ali nema kuda. Ta je naša vojska od pre našeg božićnjega posta s mojim ocem u Beogradu stajala, i grad čuvala do naših uskršnjih posta, dok se Birčanin s drugom vojskom od Vidina vratio, pak su onda kućama svi došli. Međutim, knez Petar iz Ćuprije i Stevan Jakovljević pokupe Srbe i udare na Ćupriju i posle znatne bitke isteraju Tosun-agu i osvoje Ćupriju i tursku vojsku u Vidin oteraju.

U Valjevu bejaše muselim Asan-aga iz Srebrnice i hoće narod da globi, no moj otac ne da; zato se zavade. Asan-aga nađe četiri Turčina, obrekne im dati novaca da ubiju moga oca, a on ode u Srebrnicu kući da se pri tom ubistvu ne nađe. Moj otac dođe u Valjevo baš na našu Čistu sredu, ona četiri Turčina odu i zasednu sat od Valjeva u šumu kraj puta kojim se on mora vratiti. Jednome reknu: udri ti kneževa haznadara Živka, a nas ćemo trojica kneza. Kad moj otac naiđe pokraj zasede, onaj jedan Turčin opali i Živka ubije, no oni drugi promaše moga oca i ne zgode ga, već pobegnu u potok pak u Valjevo. Kad moj otac dođe kući, sazove kmetove i kaže im: »Braćo, metite drugoga kneza, ja više neću; vidite sami da su Turci naumili mene ubiti. Pucaše na mene jedanput, bog me sačuva; sad ovo drugi put, i momka mi ubiše, a mene bog i opet sačuva; treći put oni će drugojačije raditi.« Zatim posle mnogog razgovora metnu Mitra Kalabu za kneza. Dođe Asan-aga iz Srebrnice, i kad vidi da nije knez poginuo i da će se njegovo kovarstvo otkriti, a on pohvata one Turke i u Valjevu ih podavi da ne bi iskazali. Novi knez Kalaba preduzme vilajetske poslove, ali nije bio vešt s Turcima postupati za polzu sirotinje. Kad dođe po običaju u Valjevo muselimu da pušta one koje Turci kao krive pozatvaraju, i kad mu muselim po običaju rekne:»Kneže, ima tvoj jedan u apsu, no pusti ga, ali ja hoću bogme sto groša globe«, a Kalaba na to je obično odgovarao:»Aga, lepo se drvo na pole cepa.« Na to je muselim pristajao govoreći:»E, kneže, za tvoj hatar donesi pedeset groša, pa da puštim krivca«, i tako koliko god muselim zaište, a knez Kalaba opet:»Lepo se drvo na pole cepa.« Tako je radio i za male i za velike globe, i svagda je polovinu popuštao. U tome su moj otac, dok je knezovao, i Birčanin Ilija sasvim drukčije radili. Vide to kmetovi da Kalaba ni najmanje nije vešt narodnim poslovima i da on sa svojim»lepo se drvo na pole cepa« ne može da zakloni narod od velike globe. Zato jedanput kod naše crkve u Brankovini načine skupštinu, dozovu moga oca i kažu mu: »Hoćemo da opet budeš naš knez.« On se izgovarao da ne može i da nije pravo da pogine od Turaka na pravdi, onda grakne sva skupština više od hiljadu ljudi:»Ako ti bude suđeno, a ti pogini kao knez«, pak ščepaše ga i digoše na ruke. Ja sam bio podalje od te skupštine, i kad čujem najedanput tu viku, i vidim ono komešanje među ljudima, pomislim da ga ubiše, no kad dotrčim bliže, čujem da svi viču:»Srećno, srećno! Aleksa je opet knez!« I odrediše mu više momaka da vodi sa sobom. Moj otac dogovori se sa Birčaninom i počnu jošte oštrije knezovati i narod od svake globe i nepravde turske zaklanjati.

Kad vezir u Beogradu dočuje da je to maslo muselima Asan-age bilo što su oni Turci mog oca hteli da ubiju, pošalje bumbašera u Valjevo po Asan-agu da ga dotera u Beograd. Asan-aga se uplaši strašno, pobratimi mog oca i rekne mu:»Da si mi pobogu brat, Aleksa, što ću i kud ću sad?« – Moj otac, za hater Hadži-bega, rekne mu:»Hajde u Ljubinić na konak, pa ću ja narediti tebi baška a bumbašeru baška konak, pa odande beži u Bosnu.« I tako Asan-aga, koji je posle paša postao, u Bosnu pobegne. Sad već vide vidinski Turci kako se Srbi sajediniše sa pašom, da ne mogu silom ništa uspeti, zato obrate se na vezira Hadži Musta-pašu, i oni i Pazmandžija, s molbom da ih pusti u Beogradu živeti mirno u svojim kućama. U tome se Hadži Musta-paša grdno prevari, i pusti ih te dođu u Beograd, gde su neko vreme mirno i pokorno sedeli, a neki su i službe dobili, jerbo su vrsni i udvorice bili. No posle nekih godina reknu oni Hadži Musta-paši:»Mi znamo da si ti caru veran, a mi smo tebi verni, daj ti tvoga sina neka nakupi vojske, a mi ćemo svi ići, mi smo bili toliko godina u Vidinu i znamo kako se lako uzeti može, mi ćemo ga uzeti i tvome sinu predati, a s time ti ćeš caru uslugu učiniti da i tebe i nas bolje pomiluje.« I tu se Hadži Musta-paša jošte većma prevari: pošlje svoga sina da kupi vojsku. Kad se vezirov sin Derviš-beg poudali, ove ti Beogradlije odu kod paše, uzmu izun da i oni idu njegovom sinu u vojsku, i on im poveruje. Oni se spreme i odu do Boleča, pak onda se povrate natrag. (Ovo sam slušao kad mome ocu neki Muja alajbeg u Urovcima kazuje o tome ovako:»Kad se – veli – vratimo iz Boleča, a mi od Bataldžamije natovarimo pomalo sena na konje, pokrijemo odozgo sa pokrovcima da se čine tovari, svežemo na prvoga konja zvonce i vodili smo konje do Stambol-kapije. Na Stambol-kapiji poviče straža »ko ste?« na koje odgovorimo:»Mi smo kiridžije, otvorite kapiju!« Kako se kapija otvori, bacimo seno s konja, ščepamo oružje, a oni koji su s nama u varoši u dogovoru bili, dočekaju nas spremni i osvojimo svu beogradsku varoš. A Hadži Musta-paša tukao je iz grada topovima.«)

Tako posle nekog vremena pođe ozdo Hadži Musta-pašin sin s vojskom, a tako isto i moj otac krene vojsku s ove strane, a drugi knezovi s drugih strana. Sad se janičari u tesno nađu, dok jedan Cincarin kaže im lagum kuda se provela voda u gornji grad, te ti oni kroz onaj lagum sve pobušeljke do u gornji grad, a blizu džamije imadu od laguma vrata, sve kako koji iziđe, valjajući se ude u džamiju, a kad se napuni džamija, a oni prospu puške na pašine saraje, kapiju otvore, i tako Hadži Musta-pašu živa uhvate, i kažu mu:»Mi znamo da tvoj sin ide ozdo s vojskom od Vidina, a Aleksa ozgo od Valjeva, i drugi knezovi s drugih strana, no sad šalji knjige i tvoje Turke neka se vojske odmah vraćaju, ili ćemo te sad odmah ubiti.« Tako ti siromah Hadži Musta-paša pošalje te naše vojske i svog sina s vojskom natrag vrati. Sad četiri dahije: Memed-aga Fočić, Mula Jusuf, Kučuk Alija i Aganlija postanu i preko vezira počnu vladati, i što gode oni napišu i zapovede, to je vezir Hadži Musta-paša svojim murom morao potvrditi. (O tome sam video tako napisato u jednoj knjizi Hećim-Tome, koji je onda u Beogradu sedeo, i tu stoji zabeleženo da je Hadži Musta-pašin sin 1801. godine otišao i da su janičari vodenim lagumom u grad ušli i, kako su se utemeljili, ubili su pašu. Knezovi i paša tukli su se s janičarima od 1795. godine. – U manastiru Bogovađi u jednoj knjizi stoji ovako napisato:»Ljeta 1801. januarija 26. udavi beogradski paša vladiku Metodija; za njegovo nestrojenije i bezakonije upodobi se Foki mučitelju, caru grečeskomu. Togo vremene bist meždusobna bran. Turci Vidinlije svojemu caru nepokorni. I mnogo bist meždusobno krvoprolitije pomeždu ih. I bist skupo žito: pšenica 100 oka 18 groša, a kukuruz 10 groša. To vreme bist lepa zima. Ovo sobstveno rukoju potpisa Hadži Ruvim.«)

Njih četvorica podele sav pašaluk, svakome po tri nahije; oni pak sva sela u nahiji podele svojim momcima, koji su se zvali male age.

O tome kako je Beograd uzet slušao sam gde Muja, urovački beg, priča mom ocu.

Posle godinu ili dve taj isti Muja reče mom ocu:»Vidiš, kneže, ova četiri psa u Beogradu (tj. četiri dahije) šta rade od raje i od poštenih Turaka. Ja sam prvi kroz rupu u grad ušao, pak sada, da smedu, uzeli bi mi i ovo selo (Urovce) i sebi prisvojili; no i u mene je jošte oštar kremen. Ja ti kažem: ovo dugo njima biti neće. Ja ću da idem na ćabu, no nije stoga što mi je ćaba mila, no samo da se uklonim, da sa psima i ja ne izgorim. Nego ti, kneže, poslušaj mene: dovedi kneginju i ono malo dete (pokojni Sima bijaše malen), pak da ja tebe i sve što je tvoje u Nemačku preturim, te živi jošte koju godinu u miru. A znaj dobro: ako ja od ćabe dođem živ, tebe neću živa naći; a ako i ne dođem, oni će tebe poseći.« – Moj otac kaže:»A kud, beg? Da ja pobegnem u Nemačku, oni će reći: ode Aleksa da krene protivu nas Nemce, da vojuje na nas, pak će drugi knezovi i sirotinja s mene stradati; no gde sam se rodio, tu ću da živim, pa što mi bog da.« Na to mu alajbeg reče:»Ja sam ti kazao i s moje duše skidam, a dosta smo hleba i soli zajedno pojeli!« (Baš sam ovo sve slušao kad mome ocu govori.)

36

Sad one četiri dahije iskupe knezove, pošto su Beograd janičari osvojili 1799. godine, a dozovu mog oca i kažu mu: »Aleksa, već se mi s carem zavadismo, nego smo načinili jedan mizar (prošenije) da caru pošljemo, nego da i vi više murove udarite da bi se mi opravdali.« – »Dobro, age – odgovori moj otac – da se s knezovima dogovorimo.« – Na to oni: »Nema tu od dogovora ništa, nego svi redom morate udariti murove!« – Idi sad pa reci nećemo, pred onaka četiri lava, koji su i svoga vezira pritesnili. Oni su prošenije načinili kao od strane knezova i raje, i vezira kod cara tuže da je on globar i zulumćar, da je pola raje u Nemačku pobeglo od njegove globe, i da nije janičarskih aga, sirotinja ne bi ni vola imala na čemu bi orali i hlebom se hranili, nit bi se imalo otkud caru harač davati, niti za što soli kupiti, no sve janičarske age daju i sirotinju pomažu, i proče i proče. Knezovi nisu imali kud nego poudaraju prste, bogzna koliko ljudi, na to prošenije i potpišu, samo da se kurtališu. Sad već one četiri dahije počnu rahat da žive; svaki je one svoje tri nahije koje su mu na deo došle, upravljao i sve prihode sebi kupio, a caru ništa, no samo što su janičar-agi i drugim kapidžijama svojim u Carigradu mito šiljali da ih kod cara brane. Dahije otvoriše olovski majdan u Drenajiću valjevske nahije, pod Medvednikom, i sve je moj otac od naše kuće na kolima u Beograd olovo spremao, no ipak su kumpanijama što su olovo kopali plaćali svaku oku po 20 para.

Aganlija – kom je u deo pala sokolska nahija – pošalje u Azbukovicu i pokupi harače. Azbukovica je bila malićana Hadži-bega iz Srebrnice, koji pošlje svoje Turke te sve haračke novce otme. Aganlija kad čuje to razljuti se i naredi u vojsku kragujevačke, užičke, sokolske, valjevske i šabačke Turke. Zatim zovne moga oca: »Ja znam, ali hoću da mi i ti pravo kažeš koliko si Hadži Musta-paši dovodio srpske vojske kad ste nas janičare tukli?« – Moj otac morao mu je pravo kazati da je 1.800 momaka svagda vodio. – »E, dobro, pravo si kazao – rekne Aganlija – i ja hoću da toliko vojske kod tebe u skupu nađem, a doći će i Turci iz sviju kasaba da idemo da tučemo tvoga prijatelja Hadži-bega i da mu popalimo Srebrnicu za moje azbukovačke harače. I hoću da poneseš još 2.000 oka rakije: kad pođemo Drinu gaziti da svakom Srbinu po oku rakije dadeš da popije.« – Moj otac morao je na to pristati, dođe u knežinu i sprema vojsku za određeni rok.

Aganlija udari preko valjevske nahije sa svojom vojskom, moj otac predusretne ga sa svojom vojskom, i odu na Drinu u Azbukovicu, gde se slegnu i od sviju kasaba Turci. Tu se smešaju i ujednače Srbi i janičari, kao pod Hadži Musta-pašom što su bili Srbi sa pašajlijama protivu janičara. Tu poharaju sva azbukovačka sela, tako da nijedna ovca, nijedno krme ostalo nije živo. Aganlija odmara vojsku, pravi plan i kazuje kako će Srbima dati po oku rakije da oni napred gaze na brodu, a konjik da ide za njima. No evo muke, Hadži--beg i Asan-aga iskopali na brodu (s one strane) šanac i napunili ga Bošnjacima. Vidi moj otac da će sva srpska vojska u po Drine propasti, jer kad bi Srbi nagazili, Bošnjaci bi s one strane opalili hiljadu-dve pušaka u gomilu Srba i, osim što bi pobili, koji se malo rani, uhvatio bi se za drugoga, a onaj opet za drugoga, a pusta Drina brza i alovita, pa bi sve odnela i nijedan ne bi izneo glave.

Kad se Turci Valjevci i druge kasablije skupe na sélo (eglenu, razgovor), ode i on među njih, sedne i rekne im: »Ako bog da, sutra ili prekosutra, kako pređemo Drinu, odmah ću da zapalim Hadži-begove konake.« – Na to će mu reći Serdanović barjaktar: »A kako bi ti zapalio konak tvoga prijatelja?« – »Eto – veli – tako što bi i on meni učinio; tako je sada vreme donelo, i moja vojska jedva čeka da pređe da pljačka tamo Turke ... Zbilja, vi Turci i begovi, zašto ne molite agu (Aganliju) da se prođe ove vojne i da ne ide preko Drine? Vi vidite onaj Osat: sve su ono gotovo turske kuće i deca; pa kad ovi moji Srbi popiju po oku rakije i uđu u turske kuće sve će biti brbat, a to neće ni bogu ni ljudima biti milo. A malo je zar što smo se s carem zavadili, pak sada hoćemo i s Bosnom? Pomislite kad nemački doboš zalupa na Savi, a vi s decom pobegnete na Drinu i hoćete u Bosnu, a Hadži-beg, ovako kao sad, napuni šančeve s vojskom i ne da vam preko Drine. – Zašto ne promislite kuda ćete vi onda, a za mene je lako?« – E, moj kneže, to mi sve vidimo, ali ko sme onome arslanu o miru pomenuti! – reknu Turci. »Ja ću mu najpre napomenuti, ali vi svi pomognite mi – rekne moj otac, i pred veče odu Aganliji. I dvorili su po običaju Aganlijinom, jer pred njim niko nije smeo sesti, pa i sama ulema, tj. starci s belim bradama morali su svagda pred njim staja-

38

ti. Pošto su tako neko vreme dvorili, rekne im Aganlija: »E, hajdete sada na konake svoje, sabajle ujutru vi Turci azur konje; a ti Aleksa rano svakom Srbinu podaj po oku rakije, pak ćemo na gaz preko Drine.« Oni na to svi se poklone, a opet jednako stoje, neće da odlaze, a svi ćute. Aganlija opet rekne: »Hajdete, hajdete sada, kako sam rekao.« – Na to moj otac pođe mu skutu i rekne: »Aga, mi ćemo ići, al' te sva ulema i ja molimo da se smiluješ na one kuće i na onu fukaru i srpsku i tursku preko Drine, i ne prevodi ovu vojsku: sagrešićemo kod boga, a i kod cara se okriviti.« – »Hajdete, hajdete, nema od toga ništa!« – »Mi odosmo, aga, al' ćemo opet doći moliti da se smiluješ.«

Zatim odu svi. Moj otac mislio je opet da ide da moli. No tek što je tako zabrinut došao u srpsku vojsku, a momak dođe i kaže: »Hajde, kneže, zove te aga.« Moj mu otac ode, on mu rekne: sedi, i on po turskom običaju na kolena sedne. Aganlija mu počne lako govoriti: »Aleksa, ja sam vidim ovo što sam naumio da ne može na dobro izaći, ali sam se zarekao pred Turcima i ne mogu lako odustati; no ti, kao što si započeo moliti, a ti moli; zato opet sastavi ovu ulemu i dođite da me molite; ja ću se ljutiti i vikati na vas; naposletku ja ću vas kao preko volje poslušati da ne idemo preko Drine; ali u tvoju glavu, ako kome Turčinu kažeš da sam ti ja povladio.« – Moj se otac vrlo tome obraduje, i ujutru rano pokupi sve stare belobrade Turke, odu Aganliji i počnu moliti, a on se razljuti i počne ih odbijati, a on i sva ulema popadaju na kolena i ljube skutove, i već tako jedva dade se umoliti: »Al' hoću – veli (Aganlija) – da mi Hadži-beg vrati haračke novce!« Zbog toga ode moj otac preko Drine Hadži-begu, ali Hadži-beg ne da novaca no veli: »Neka dođe taj Aganlija, pa neka uzme sam sobom ne trideset kesa no i više, ako može.« Moj otac jedva umoli Hadži-bega te povrati petnaest kesa, a onih drugih petnaest razreže po nahiji te Aganliji dade, i tako spase tu srpsku vojsku od očevidne propasti i pogibeli, i povrate se svojim kućama. Ova Aganlijina vojna bila je 1802. godine.

Jedanput ode moj otac četvrtom dahiji u Beograd, Mula-Jusufu, koji je naše selo Brankovinu držao. On ga lepo primi, ali mu kafedžija u kafi otrov dade. Moj otac kad dopola fildžana popije, muka ga uhvati, ostavi fildžan i jedva u svoj kvartir dođe. Dozove odmah Petra Ičkogliju, bazrđanbašu, s kojim se vrlo pazio, koji pozna da je otrovan i koji zapovedi da mu se daje mnogo blago mleko i od patke krv, i drugo što je bazrđanbaša znao upotrebe, te je mnogo bljuvao, i tako ga povrati, jer nije bio sav fildžan popio. Vide dahije da i tako ne uspeše, a imadu zub na sve glavne knezove, ali osobito na moga oca, koga su se bojali i mrzili što je nemački oficir bio i frajkor na Turke predvodio, a jošt više mrzili su ga zato što je Hadži Musta-paši vojsku dovodio i janičare tukao, i što je neprestano dogovarao se sa drugim knezovima i sirotinju zastupao; isto tako bio im je kost u grlu što je on imao u svojoj knežini svagda spremnih i oružanih 1.800 momaka, koje je i Aganlija video kada su s njime na Drinu išli. I oni – dahije – počnu zazirati od toga što su Srbi sa svojim knezovima naučili vojevati; pomisle da im oni dosaditi mogu. Zato se tajno dogovore da u pašaluku sve knezove iseku i svoje neprijatelje s puta uklone, i tako da u bezopasnosti budu, i da sa tim narod zaplaše i bez glave ostave, i da čine šta oni hoće.

Dahije pošlju u svaku kasabu svojim muselimima zapovest tajno i odrede im dan da svaki muselim svoga kneza pogubi; a Fočić Memed-aga, ne mogavši se pouzdati da će moga oca i Birčanina drugi ko moći pogubiti, naumi sam toga radi izaći u Valjevo. Zato poruči da dolazi u valjevsku i šabačku nahiju u teferič i da lovi, no da mu knezovi konake prepravljaju i druge zaire što mu na 200 momaka treba. U januariju krene dahija Fočić Memed-aga, udari u Zeoke i kod kuće kneza Stanoja ruča. Premda su i Stanoje i Hadži Ruvim zapisani bili u tefteru da poginu, opet nije za onda knezu Stanoju ništa hteo, da se ne bi čulo i da ne bi moj otac i Birčanin pobegli. Birčanin Ilija, moj otac i Milovan, kneza Nikole Grbovića sin (jerbo je knez Nikola Grbović bolovao), izađu iz Valjeva i sretnu Fočića u Polju Ljubeninu; on ih pretvorno lepo primi, pa odande pođu k Valjevu. No kako dođu i sjašu u Valjevu, odmah Fočić sva tri metne u aps i svima metne sindžir na vrat i obe ruke zajedno u jedno gvožđe, što no se zove lisica, koje je Fočić sa sobom doneo. Oni su bili tako okovani da nisu svojim rukama ni hleba do usta doneti mogli, nego su ih drugi zahranjivali.

Čujemo mi u Brankovini taj nesrećni glas. Odmah moj stric Jakov, zet Živko Dabić i bližnjih nekoliko kmetova otrče u Valjevo, i zajedno sa starim Turcima Valjevcima – jerbo su svi valjevski Turci moga oca i Birčanina uvažavali i

40

pazili, – dođu Fočiću moliti da pusti knezove. Fočić kaže: »Nisu me lepo dočekali i konake spremili, no najposle donesite sto kesa globe pa da ih pustim.« Moj stric, kako to čuje od Fočića, koje od trgovaca Srba, koje i valjevski Turci dadu u pomoć, sa svojim što smo imali nakupi i sastavi 19.500 groša. Onda je bio ćesarski dukat 7 groša i po. Odmah ode po prijateljima i ono drugo tražiti i sastavljati. Valjevski Turci bili su obrekli uveče sve dati; ali kad doznadu da će Fočić i novce uzeti i knezove poseći, onda Turci mome stricu to neće da kažu, ali svaki počne se izvinjavati da nema kod sebe novaca no da će do neki dan nabaviti i dati. Iz naše kuće sva čeljad i deca poskidali su svoj nakit, poodrezivale žene sa podbradnika i pare sitne, i poslali za otkup knezova, da bi se tim bajagi Fočić uverio da već drugih novaca nemamo, i ne bi li se sažalio da pusti knezove. Viče Birčanin i Grbović iz tavnice:»Jakove, brate, traži i sastavljaj i podaj koliko god ištu, samo život otkupljuj!« – A moj otac jednako viče: »Ne daj, Jakove, ne daj, pare, ne ostavljaj mi dece pod dugom da robuju. On će i novce uzeti i nas iseći. Iz ovog sindžira i iz ovih lisica ne misli on nas žive pustiti. No kažem ti: ne daj ni pare, ne ostajte pod dugom da mi deca prose.« – Međutim, i ja se usudim i odem u Valjevo. Sakrijem se u jednu ekmedžinicu, pošljem pandura Glišu Pavića, našega komšiju, da zapita oca smem li ja do njega doći. Kako moj otac čuje da sam ja došao, rekne: »Što će on ovde? Ako boga znaš Glišo, trči i provedi ga – i kaži mu kojim sokakom – da ga ne opaze Turci. Neka bega kud ga bog uči, ovde mi ništa ni on, ni ti, ni ko drugi pomoći ne može, niti će mene živa Turčin pustiti.« – Gliša dođe meni, provede me, i pobegnem iz Valjeva.

Tek što sam topovski metak u šumar bio izmaknuo, a čujem gde moj stric s brda viče: »Aj, Mateja, aj, Mateja, čekaj!« Ja pričekam, on mi kaza da Turci posekoše knezove. To je ovako bilo.

Turci svežu moga oca i Birčanina, a Milovana Grbovića puste. Kad počnu vezati moga oca, vidi on šta će biti i rekne: »Je li tuna Jakov, da mu nešto kažem?« – Onda rekne Milisav iz Dupljaja plačući: »Nije, kneže, ovde, no kaži meni, ja ću mu kazati.« – To mu – reče – kaži da ni on i niko od mojih odsada Turcima ne veruje«. Povedu ih na pogublenije, i kao što su mi posle toga mnogi i Srbi i Turci kazivali, moj je

41

otac sasvim pri sebi bio, aki bi na pir vođen bio, i slobodnim glasom vikne: »Fočiću, Fočiću, ne molim te za život nego te samo molim, nemoj me beščasnom smrću moriti, no sabljom kojom se junaci gube; a znaj, Fočiću, da će moja krv i pred bogom i pred ljudima tebi dosaditi!« – On je hteo skupljenom narodu govoriti, no Fočić poviče: »Vodite ih dalje.« Na tom pozorištu sveta je mnogo skupljeno bilo; jer i Srbi i Turci, da bi veći strah od dahija imali, morali su doći da ove prve žrtve srpske gledaju. Najpre dade Fočić na srpski jedno pismo pred svima pročitati, koje glasi ovako: »Pozdravlje tebi, gospodine majoru Mitezeru u Zemunu, od mene kneza Alekse i od prote. Da znate da smo mi ove dahije među sobom pozavađali, i oni će se skoro između sebe potući, zato molimo: prepravite džebane i oficira, a vojske dosta imamo da nam pomognu da dahije odavde oteramo. Ako tome pismu ne verujete, pitajte bazrđanbašu Petra Ičkogliju ili Janka Zazića iz Skele i Eladiju iz Zabrežja, oni će vam iz usta sve kazati...« (Za to pismo na drugom mestu kazaću prostranije.) Kad se to pismo pročita, rekne Fočić skupljenom narodu: »Eto, ovo pismo seče Aleksu, koji s Nemcima se dogovara, i kod našeg cara nas tuži i opada i o našim glavama radi, zato bi greota bila njegovu glavu živu ostaviti.« Potom poviče na dželata: seci, i odmah oba posekoše (najpre je Birčanin posečen), a narod s pozorja razbegne se, a Turci Valjevci poplaše se, i odmah počeli su jedan po jedan tajno od drugih svoje važnije stvari pripremati. Glave obadve metne Fočić više sebe na čardak. To je bilo januarija 23. pred veče 1804. godine. Njihova tela stajala su oko 80 fati niže ćuprije na poljicu do Kolubare.

Fočić je poslao svoje momke natrag u Zeoke da odseku glavu knezu Stanoju, pa u Bogovađu Hadži-Ruvimu, i da mu donesu. Odu njegovi momci u Zeoke i nadu kneza Stanoja kod kuće, kažu mu da idu u Beograd i da ih je aga poslao, i hoće onde da ručaju. Knez ih dočeka. Kad su sedeli u kući pored vatre, jedan petao dođe pred vrata i kukurekne, a Turčin uzme šišanu i rekne: »Hoću li, kneže, ubiti onoga oroza za ručak?« Knez mu odgovori:

»Imamo ručka dosta, a i tako je petak; ali baš kad hoćeš, a ti udri.« Turčin zapne šišanu pak okrene najpre na otvorena vrata na petla, a zatim je spusti te knezu Stanoju prema sebi skreše u prsi, koji padne. Turčin povadi nož i počne Sta-

42

noju glavu seći; a Nikola, sinovac Stanojev, koji nije ni 20 godina imao, kako vide to, utrči u vajat, uzme kneževu šišanu i poviče:»Nećeš, Turčine, ni tvoje odneti!« opali i pokraj Stanoja obali Turčina, pogodivši ga posred kotlaca. Ona druga dva Turčina zatvore se u kuću, i kad seljaci, Zeočani, dotrče, a oni iz kuće počnu vikati:»Agina je zapovest, agina je zapovest, umirite se, rajo! Krv za krv neka ide.« I da bi se sinovac knežev uverio da je Turčin zaista ubijen, otvore vrata oni Turci i izbace Turčina napolje. Onaj što je turske konje vodao, utekao je u potok kako je puška pukla u kući, a konje je pustio; drukčije Turci bi može biti mogli uteći. Seljaci stišaju kneževa sinovca Nikolu, koji je hteo i one druge Turke da ubije, i odbiju jednog za drugog, a one druge Turke isprate do hana. Kad Hadži Ruvim dočuje da su knezovi u Valjevu pohapšeni, a on ne htede begati preko Save, a lako je mogao, nego dođe u Beograd, javi se kod vladike Leontija, a Leontije nije smeo ga sakriti nego javi Aganliji. Ovaj pošlje momke te Hadži-Ruvima uhvate i na Varoš-kapiji poseku, i posle varošani izmole i sahrane ga kod crkve. To je bilo posle na nedelju dana kad su knezovi isečeni u Valjevu (30. jan. 1804).

Kao što sam gore kazao, pričekam ja strica i, pošto mi kaza da knezovi pogiboše, poteramo konje što brže možemo i dođemo kući. Moja mati, jošte četiri naše žene, sestra i sva deca udare u zapevku i plač. Kažemo im da ćute, no svaka svoje što bolje ima da sprema u torbe, da se bega u šumu, a da se manu zapevke, koje odmah i učine i ono veče odmah svi pobegnemo u našu planinu Posovo, i tamo svu svoju familiju sakrijemo, i počnemo misliti šta ćemo dalje raditi. Kad ujutru (24. januara 1804. godine), eto ti našega zeta Živka Dabića i jošt dva Turčina, prijatelja moga oca, sa jošte tri kmeta, i kažu Turci:

»Hajde, Jakove, poslao nas Memed-aga Fočić, hoće tebe da okneži.« Moj stric kaže im da on ne sme među Turke više ići, a da neće knez da bude. – Turci kažu:»Slobodno, tvrda je vera, Fočić hoće opet kneza od vašega odžaka i neće da ide dokle iz vaše rodbine koga ne okneži.« – Kad videše Turci da nikako moj stric neće da ide u Valjevo, oni se spremiše da idu i rekoše:»E, Jakove, gotovi konak; eto ti sutra Fočića u gosti!« – Onda moj stric nemade kuda, nego ode u Valjevo, i kad je došao, Fočić mu rekne:»Jakove, Aleksa je tražio naše glave pak izgubi svoju, no ja hoću opet od vašega odžaka da oknežim.« – Na to mu se počne stric izvinjavati: »Ja sam uzeo novce iz Nemačke i rasturio po vilajetu da trgujem, a proti ne podnosi, a od onih drugih nije nijedan vešt vilajetu, no molimo te, aga, meti drugoga koga hoćeš!« – Jok, jok! ja od vašega soja hoću kneza i nikako drukčije!« govorio je Fočić. Onda moj stric ode i dogovori se s valjevskim Turcima, te svi reknu da je Peja Janković iz Zabrdice Aleksin rođak. To Fočić veruje i okneži Peju, koji je kod moga oca bio buljubaša, i kome smo mi kumovali.

Međutim, Valjevci izmole od Fočića, i telo moga oca neki Manojlo iz Kličevca na kolima dotera i kod crkve u Brankovini bez glave sahranimo. Glava je ostala kod Fočića na čardaku. No neki Živan Jerotić iz sela Blizonja, koji je onde posluživao, noću je ukrade, metne u nedra, sklopi gunj oko sebe, i tako glavu u nedrima nama donese. Treći dan odemo k crkvi, postavimo straže okolo, grob moga oca otkopamo, glavu na telo namestimo kao što je na živom bila i onda opet zakopamo.

Fočić ode u Šabac, no mi opet ne povratimo familiju u kuću, no jednako u planini Posovu sede. A mi samo noću dođemo i nakupi se komšija te sedimo; a kako zora, a mi opet u šumu u zbeg. – Kako Fočić u Šabac dođe, hteo je i tamo knezove seći, no njegov brat Mus-aga Fočić nije dao no rekao. »Ja za ove knezove stojim dobar!« – Memed-aga Fočić častio se kod svog brata i po lovu išao, no kad čuje da Crnoga Đorđa nisu poslani Turci mogli pogubiti, nego je pobegao, uplaši se Fočić i ne smede preko valjevske nahije proći, kud su se ljudi mnogi već bili uzrujali zbog isečenih knezova, nego sedne na čamac i niza Savu u Beograd pobegne.

III

Ja i stric Jakov nismo se imali šta dugo promišljati. Mi smo od onog časa kako smo u šumu pobegli gotovi bili da se s Turcima tučemo, ali nismo se mogli osloniti da će narod s nama pristati na osvetu zbog ova dva kneza, koje je, istina, narod obadve knežine ljubio i uvažavao, ali bez njih takođe ostale su obadve knežine bez glave. – Moj stric ode u Tavnavu i Posavinu, kuda je novce razdao na svinje, da što pre otisne svinje i u Nemačku pregna da bi koju paru uzeli pa posle što bog da. Međutim, pukne glas za Crnoga Đorđa da je baš u našu Sebičnu nedelju (14. februara) sa družinom došao i zapalio turski han u Orašcu i počeo kavgu s Turcima, i tuče gde ih god nađe. (O tome kazivao mi je docnije neki Luka Marković iz Orašca kragujevačkog da se on – Luka – baš u tu nedelju ženio, i Crni Đorđe sa sto druga došao mu na svadbu, ručao, pak posle zapalio han u Orašcu.) Čuje to i Poreč-Alija, muselim valjevski, uzme valjevske Turke, ode na Ub-kasabu, krene sve Ubljane (Turke), i žene i decu u Valjevo poseli, i padne na konak kod Grmićâ u Babinoj Luci. Ja vidim te vatre i poznam da begaju. Odem odmah u Kutešicu našem kumu, starcu Savi Savkoviću, i nađem ga s nekoliko Kutišana na brdu, odakle je i on vatre gledao. Zapitam ja Savu: »Šta ćemo mi sad raditi?« – Na to on odgovori: »A šta ćemo, kuma-proto? Što je bilo biće opet; no mi svi žene i decu u šumu za brdo, a mi puške pa na brdo, pa što kome bog da!« – Pomozi bože, pomislim ja, kad ovaj stariji tako govori koji zna kako je vojevati. Odmah ja odatle pošljem Živana iz Kutešice u Suvodanje Miliću Kediću (koga je Fočić oknežio, i koji je takođe kod Birčanina bio buljubaša), i pišem mu da kupi čete da tučemo Poreč-Aliju u Valjevu, a tako sam isto knezu Nikoli Grboviću pisao. (Zaboravio sam kazati da su Turci Valjevci, odmah kako su knezovi posečeni, svoje žene i decu odselili u gradove, u Soko i Užice.) Vratim se kući, a nije daleko, i pošljem u okolna sela: Raoniću Arseniju u Loznicu, Živanu (Petroviću) u Kalenić, Živku Dabiću zetu u Jautinu; i sva ta sela, i još druga, s puškama dođu na brankovički vis. Pošljem ja te se iznese iz brankovičke crkve barjak, koji je bio od beloga, crvenog i plavog muslina, sa tri krsta. Taj barjačić pobodemo među nas. To je bilo 15. februara 1804. leta.

Sutradan eto ti počeše ljudi iz obližnjih sela sa oružjem dolaziti, i svima je čisto milo, i nakupi se oko 700 ljudi koje starih koje mladih. Kažem im ja da sam razumeo da je Crni Đorđe ustao paliti hanove i Turke tući; i oni mnogi kažu da su to čuli. Ja pošljem za mog strica da čas pre ide ovamo. – Ljudi kažu: »Evo vojske, no nama treba džebane; otkud ćemo dobiti?« Ja kažem neka se oni samo kupe a za džebanu neka se ne brinu, ja ću je iz Nemačke dobiti, a veće svi glavni ljudi znali su da je moj otac kod Nemaca poznat i veruju da će Nemci meni dati džebane. Drugi dan dođe moj stric. On ostane u vojsci, a ja odmah odem da tražim džebane, i 17. februara dođem u Zabrežje, poručim i dođe mi tu Petar Jerić iz Zvečke i Isailo Lazić i pop Leontije iz Urovca. Ja ne kažem odmah njima da sam ostavio na visu sa Jakovom 700 ljudi, jer rad sam bio da vidim hoće li i oni da se dižu. Petar Jerić beše ubio jednog Turčina čamdžiju; i ja ga počnem karati govoreći: »Zašto, Petre, zamećeš kavgu s Turcima? Lako je tebi: vi ste ovde blizu Save, pak ćete odmah pobeći preko vode, ali mi smo daleko, mogu nas Turci sve iseći i porobiti.« – Na to se oni na mene izrogače: »Ta mi hoćemo da osvetimo našega kneza a tvoga oca.« – Ja im na to kažem: da ja vrlo žalim moga oca, »ali ako se mi pre podignemo i zavadimo sa Turcima, vi ćete onda uteći preko Save ili pomiriti se s Turcima.« Kad čuše oni da ja tako govorim, a oni se svi sneveseliše i zabrinuše. Ja kad vidim da ljudi iskreno govore, i da hoće da ustaju, samo ako se mi oko Valjeva krenemo, poverim se njima i kažem: »Je li tvrda vera da vam kažem?« – »Jest, jest!« odgovore oni. – »E, čujte, ja sam ostavio sa stricem Jakovom u Brankovini sva sela, od Tavnave do Valjeva, skupljena u gomili; i pisao sam Kediću i Grboviću da i oni čete kupe da bijemo u Valjevu Poreč-Aliju; i ja odoh da tražim džebane u Nemačkoj!« – Onda svi oni đipe i veselo poviču: »Ej, junače, zašto odavno ne kažeš nego nas plašiš?« Tu se nanovo izljubimo i uhvatimo veru da ćemo se tući, i odmah se dogovorimo da oni svu Posavinu preugotove dok se ja vratim.

Zatim sednem ja u jedan čun sa Eladijom iz Zabrežja uveče, i niza Savu pored Beograda te noći dođem u Zemun u parlatoriju. Rano sutradan (18. februara 1804. godine) javim se majoru Mitezeru, moga oca dobrom prijatelju i mome poznaniku, jer me je otac često k njemu slao. On me odvede kod obršterova konaka da me ne vide Turci (u parlatoriji). Pita me šta radimo. Kažem mu ja da, kako smo čuli da je Crni Đorđe počeo paliti hanove, i mi se kupimo da tučemo u Valjevu Poreč-Aliju, »no sam došao da mi date soveta šta ćemo raditi.« – »A šta ću vam sovetovati – rekne major – no vašu familiju dovedite blizu Save, pa ćemo mi naše lađe dati i vas na ovu stranu prevesti.« – Ja mu kažem da se nije samo naša familija s Turcima zavadila no skoro polovina naroda, i da su na Savi ćuprije, opet se ne bi lako

moglo preći, »nego vi gledajte i dajte nama džebane, mi će-
mo se moći s njima tući.« – Major kaže: »Carstvo ne može
vama dati džebane ni oružja; no vi nađite kakvoga trgovca,
neka vam on krijući daje« ... – Ja kažem da ne poznajem tu
nikakvog trgovca, i on mi kaže da ima neki Stevan Živković,
i on je pobegao od dahija iz Beograda. Ja ga zamolim i on
dozove toga Živkovića. Ja mu odmah kažem da gleda da na-
bavi džebane da se s Turcima tučemo. Na to Živković reče:
»Moj popo, ja hoću, ali nemam novaca.« Ja izvadim te mu
dadem 9 rušpija i kažem mu, kad donese barut, da ću mu sve
platiti. Toliko dadem i Janku Zaziću iz Skele (koji je od su-
baše Gazije pobegao u Zemun), te mi donese 9 funti baruta.

Kaže meni Mitezer: »Ima – veli – ovde jedan Turčin Ha-
dži Musta-pašinog sina (Derviš-bega), koga su janičari rani-
li u ruku i koji je utekao od janičara.« Potom dozove toga
Turčina koji se zvaše Del Amet. Pitam ga ja: »Ako si od ca-
reve strane, hajde sa mnom da bijemo janičare.« On kaže da
je carski i da je od janičara ranjen, zato je i pobegao u Ze-
mun. Ja mu opet kažem: »Ako si od janičara, ne idi sa
mnom, jer će Srbi ubiti i mene i tebe.« Onda major reče: »Ja
uzimam Del-Ameta na moju čast; on je pravi od careve stra-
ne i od janičara je pobegao.« Onda se nas dva uhvatimo za
ruke, poljubimo se i pobratimo.

Međutim, doneše mi jednu zobnicu fišeka i 300 taneta.
Major kaže: »Hajdete sada.« – Ja mu kažem: »A kuda ćemo
proći?« – On kaže: »Kuda ste i došli.« – Na to mu odgovo-
rim da ja ne smem na čunu pokraj Beograda, »no dajte vi
meni kola da idem preko, i na Boljevce da pređem ...« – Kad
major, rekao bi, zgoropadi se, povika: »Zar da ja propustim
turske ljude preko careve zemlje? Pa da mi ko drugi govori
nego ti, proto, što si ovamo dolazio i što znaš ove regule! Zar
ti hoćeš da mi ovo zlato sa šešira i sablje skineš?« – Ja osta-
nem kao što sam kazao: »I opet vam kažem da ne smem vo-
dom pokraj Beograda da me Turci uhvate; nego molim da mi
se otvori da kontromanciram, pa ću onda proći na Jakovo i
Boljevce.« Ja mu to reknem da bi mi pomoglo, a ne bih mu
osto da kontromanciram da bih morao čalmu vezati pa kroz
Beograd proći, jer znam kako me očekuju. Major ljutit kaže
da to ne može biti i ode obršteru, a ja i moj novi pobratim
Del Amet ostanemo pod jednom strehom. Dok major dođe i
polako nam reče:

»No, ćutite tu dok Turci iz parlatorije odu; dobićete kola, obršter odobrio.« Odoše Turci, a oni nama kontromanska kola, te ti mi u kola, na golim daskama, od Zemuna u Boljevce; a odande u Zabrežje pređemo 18. februara. Putem ja se dogovorim sa Del-Ametom kako ćemo kod naroda govoriti, i ja ga utvrdim da što god ja narodu uzgovorim da on posvedočava: tako je.

Kad pređem, poručim i odmah dođe mi Petar Jerić, Isailo Lazić i pop Leontije. Pokažem ono malo džebane i kažem da je otišao čovek u Varadin i da ćemo džebane dobijati koliko hoćemo. Oni odmah skupe i krenu što su imali gotovih 300 momaka, i dok dođemo do Grabovca bilo ih je 500. Sad ti počnem ja predikovati da bih narod ohrabrio: »Vi svi znate, braćo, da su Hadži Musta-pašu dahije ubile i da je Hadži Musta-paša imao sina Derviš-bega, koga je car postavio da bude vezir na očino mesto; on je, otkako su mu dahije oca ubile, jednako kod cara prosio da mu izun i ferman dade da pokupi vojsku i na dahrjama osvetu za oca da učini; i već mu je sada car izun i ferman dao da može slobodno, kako bude znao, svoga oca pokajati. Zato je on sad preko Nemačke poslao svoga bimbašu, ovoga Del-Ameta, sa carskim fermanom da on može podići Srbe i sve zulumćare i subaše u grad saterati, pa kad se dosta vojske nakupi, doći će Derviš-beg Mustapašić i dovući topove i sve dahije i subaše pohvatati i pašaluk od zuluma osloboditi, a on na očino mesto u Beogradu vezirom biti; a svi znamo kako smo pod Hadži Musta-pašom, njegovim ocem, dobro živeli i slobodu imali«, i proče i proče. Tako sam ja neprestano govorio toj skupljenoj vojsci, a moj Del Amet sve je klimao glavom i potvrđivao: »Jest, vala, čovječe, tako je!« – Ta moja politika, da ne reknem laž, sa Del-Ametom uzrok je što čete u mnogim istorijama naći: da je sultan poslao ferman Karađorđu da bije janičare; ali nije istina, niti je car poslao pređe niti je posle odobravao, no mi smo docnije svi, da bi narod lakše podigli i da bi ga oslobodili, govorili: da car nije protiv nas, nego da je car s nama protivu dahija, tako smo i ljudma s one strane kazivali, tako su oni i verovali, i otud se to uvuklo u istoriju.

Kad smo Grabovcu došli, htedoše da zapale han, tj. tursku kuću; no bijaše blizu jedan čardak pun kukuruza, te ja jedva odbranim da ne zapale han, jer bi i čardak izgoreo, a hrane nam treba. Odatle pođemo u Ljubinić na konak. Dok ja tamo dođem, a brzokonjici sve popalili. Dođemo Vesi Veli-miroviću, glavnom kmetu, na konak. No Vesa otišao u dru-gu zgradu i neće da iziđe k nama u kuću. Zovemo ga mi vi-še puta, a on niti dolazi niti šta odgovara. Jedva u tri sata noći dođe. Naopako ga došao! Kako dođe poče pitati: »Šta je to i šta hoćete vi?« Ja odmah počnem veseo i njemu predikovati kao i onima što sam pređe kazivao: kako je Hadži Musta-pa-šin sin poslao svoga bimbašu i ferman da tučemo dahije itd.; ali to sve badava, Vesa neće da pristane nego jednako pita: »Šta je to i na što će to izaći?« Opet ja siromah počnem mu s početka, kako car hoće da namesti u Beograd za vezira Ha-dži Musta-pašina sina itd.; no Vesa neće nizašto to da zna, već opet pita: »Šta mislite vi, ljudi, šta hoćete vi?« – Meni se već dosadi kazivati, dok pop Leontije iz Urovaca reče: »O, Veso! a šta se đogaš kad znam da i ti želiš ono što i mi? No vidiš li kako tvoga age gori han? Sad samo dok ustanem pa uzmem ugarak s vatre i dunem u streju, pa će i tvoja kuća onako goreti, a ti idi dahijama!« – Na to Vesa rekne: »Brate, ja hoću, no ne znam na što će to izaći.« – »Na što izašlo da izašlo«, poviče Leontije, »hoćemo da se tučemo! A zar je Fo-čić mislio na što će izaći kad je knezove isekao?« – Onda Vesa zovne mene napolje i izađe sa mnom u mrak. Kad smo bili podaleko od kuće, rekne mi polako: »Nesrećniče, ti mi-sliš da ono vojske što si na visu ostavio i sad na gomili sto-ji! Ono je sve otišlo kućama i Jakov jedva s nekoliko odvo-jio se, a kmetovi otišli i odneli u Valjevo Poreč-Aliji zairu.« – »Doista, Veso?« – »Baš doista, proto!« odgovori Vesa. – Ja se pobojim da ne čuje ova vojska i kažem: »Veso, o tom ćuti, nikom da ni si kazao; jer jednom ako kažeš, tvrda je ve-ra: ti ćeš poginuti.« Zatim ga zapitam: »A gde je Živan bu-ljubaša, Raonić i Živko Dabić?« – »Otišli kućama.« – Opet mu ja kažem za glavu da ćuti.

Potom odem u kuću, kažem Eriću, pop-Leontiju i Del-Ametu: »Sedite vi ovde i u ovim selima kupite vojske što vi-še možete; šaljite u sela: koji nije pošao neka vriško ide. A ja ću da odem na dan-dva do u gornju vojsku u Brankovinu da se dogovorimo kad ćemo se sastati da na Valjevo idemo.« Zatim reknem Del-Ametu da turski kazuje, a ja ću njegove reči srpskim slovima pisati Hadži Sali-begu u Srebrnicu, da izmamimo od njega štogod baruta i olova, jer je on bio pro-tiv dahija i prijatelj je bio Hadži Musta-paši. Te ti tako Del-

-Amet kazuj, a ja sve ono što sam znao: da je Mustapašić poslao da diže raju i da Turke u gradove sateraju, i da će Derviš-beg doći i proče. Zato sada šalje selam Hadži-begu da i on učini gairet od svoje strane, i da caru i carevom čoveku u pomoć s džebanom priteče itd. To sam pismo poslao u Srebrnicu, i Hadži-beg sve poveruje i pošlje nam baruta i kremenja. (Neki pogrešno pišu da je to slao neki beg iz Birča[1] ili Leskovca.) Odatle odmah pišem i Živanu buljubaši, i njemu sve kažem za Mustapašinog sina bimbašu, i opširno mu javim, nego da on čas pre povede vojsku u Babinu Luku Grmićima, i kažem mu da će ga onde moj jedan čovek čekati. Zatim predam moga pobratima Del-Ameta pop-Leontiju, Isailu Laziću i Jeriću na amanet, dok se odozgo ne vratim. Pak onda uzjašem na konja i osvanem u Brankovini.

Nađem moga strica sa 10 do 15 momaka, a više nema. Pitam ga: »Kamo ti vojska?« A on mi kaže: »Crna ti vojska! Dođoše nekoliko njih te sve pokvariše, i ja sam se jedva spasao, a oni bukači odoše sa knez-Pejom te Poreč-Aliji odneše zairu i umiriše se.« Premda me to vrlo tronulo, ali ja mu opet veselo kažem: »Hajde ti da vidiš Posavce kakvi su kao lavovi, svaki misli poginuti, a nijedan ne misli se miriti«, i proče. Ispitam koji su to kmetovi što su pokvarili i vojsku rasturili, a on mi ih sve poimence kaže. Ja odmah pošljem za svakoga po jednoga momka, a oni rano dođu, i novi knez Peja.

Pitam ja njih zašto su tako uradili, da od boga nađu! Poče knez Peja govoriti: »Pa, proto, zaboga, kako ćemo se mi sa tolikom silom tući?! Ta ako ti je otac poginuo, nije ti sreće odneo, ostalo ti je prijatelja« i proče. Ja i njima udesim moju staru pesmu i kažem im da oni dobro znadu da su dahije ubile Hadži Musta-pašu i da je Derviš-beg, sin Hadži Musta-paše, odmah vezirom postao, i da je sve dosad u cara prosio da mu dopusti da na dahijama oca svoga osveti, i da mu je naposletku sada car dopustio i ferman dao da, kako zna, osvetu učini; i da je Derviš-paša Hadži Mustapašić poslao svoga bimbašu s fermanom da podigne Srbe i da janičare i subaše u gradove satera; i da će skoro Derviš-paša s velikom vojskom i topovima doći, iz gradova dahije i subaše isterati i pašaluk od zuluma očistiti, a Derviš-paša vezirom

---

[1] U prvom izdanju biće pogrešno: Biroča. (Lj. K.)

biti namesto svoga oca, a svi znamo kako je narodu pod Hadži Musta-pašom bilo. »Zato ti, kneže Pejo, ako misliš carev knez biti, a ti idi carskom čoveku Del-Ametu, koji je ferman doneo, i kroz koji ferman ne može nas ni puška ni top niti kakvo drugo oružje ubiti. A već imamo u Ljubiniću oko 1000 vojnika kod Petra Jerića, popa Leontija i Isaila Lazića iz Urovca, i u toj vojsci je carski čovek Del-Amet; a i Crni Đorđe već je sve hanove popalio i narod podigao. A ti ako nećeš, i neki kmetovi, a vi idite u Valjevo Poreč-Aliji, pa se s njim zatvorite, a mi ćemo jemačno doći na vas; a znajte da je jači car i sav narod nego tvoj Poreč-Alija.« – To sluša Đorđe Krstivojević, iz Zabrdice kmet, koji je došao s novim knezom Pejom, pa reče: »Čuješ, kneže Pejo! Da ovaj prota rekne: Đorđe, jedi meso u petak i sredu – ja ću jesti, a kamoli neću Turke tući.« (To vam samo napominjem da vidite koliko su onda Srbi postove uvažavali.) Onda knez Pejo odgovori: »Ta, brate, hoću i ja, ali kako će naposletku izaći?« – »Nema tu više mnogo razgovora, no ti, kneže: ili idite u Valjevo Poreč-Aliji i s njime se zatvorite, a ja odoh u Posavinu pak eto me na vas, ili i vi hajdete sa mnom.« Tako se oni sklone i svi odoše u Ljubinić u vojsku. Ja dignem bogu ruke, kad samo ukloni one raskidače odavde, da opet gnjizdo savijem i vojsku kupim.

Turci Šapčani dočuju za skupljenu vojsku na visu – koja se bila razišla – pođu na valjevsku nahiju i dođu u Beljin, selo šabačke nahije. Moj stric Jakov sa vojskom ode pred njih i 23. februara pobiju se, gde pogine od naše strane buljubaša Isailo Lazić iz Urovaca, a od turske strane pogine njihov aga Arapadžić-beg. Ranjenih bilo je od obe strane. Turci se uzbiju i pođu Valjevu u pomoć, no Jakov i pop Leontije pođu s vojskom pored Turaka. Turci padnu na konak u Svileuvu, u pokojnog kneza Ranka iliti popa Luke Lazarevića, i po selu pritisnu harati. Naša im vojska preseče put od Valjeva i pođe na Turke; a oni naprave od avlija meterize i stane se, a sela donosila su im hranu; a naša vojska bila je u planini Gomilici; i tako svaki dan puškaraju se. U to vreme čujemo mi opet o crnom Đorđu da se tukao sa Turcima na Drlupi i na Sibnici, a o svemu tome niti on nama što piše niti mi njemu, no samo po rečima ljudi znamo.

Kad se oni bukači rasture i kad novi knez Peja ode u donju vojsku, počeše meni opet dolaziti buljubaše: Živan iz Kalenića, Arsenije Raonić iz Loznice, Vasilj (Pavlović) iz Bajevca, i dovedoše vojske. Ja njih ostavim u Pošara i Jasenici da oni kupe što više vojske i da čuvaju da ne bi Poreč--Alija udario u vilajet i da imadu sporazumije sa knezom (Nikolom) Grbovićem, Kedićem i Milivojem, a ja otrčah da donesem jošte džebane, koja će biti gotova u Boljevci, jerbo ono što sam pređe doneo, dao sam onoj vojsci koju sam ostavio u Ljubiniću. Tako dođem ja na Zabrežje; donese mi Živković samo 64 oke u 4 torbice, uzane kao voštane svećice; ja to uzmem i jedva mu s mukom isplatim, no kažem da on trči i da na kolima donese što više može baruta, jerbo ovo nema ništa. Obreče se Živković i taki ode. Ja uzmem one vrećice i svakom momku u terćije povežem, kao japundžeta, pa onda pođem Valjevu. No kad razumem da su Turci Šapčani, Zvorničani i Srbi Jadrani od Beljina u Svileuvi, udarim na Gomilicu gde je naša vojska. A tu bili već došli i oni hrabri hajduci: Damjan i Grigorije, braća Nedići iz Osječne, Đorđe iz Ostružnja i iz Kutišice Damjan. (Oni su svi posle na Čokešini izginuli.) Februara 25. ostavim dve vrećice, tj. 32 oke baruta i nešto olova toj vojsci u planini Gomilici kod Svileuve. Kaže mi stric da je mnogo Turaka i sumnja da će ih moći razbiti; zato, kako odem, da mu dobrih barem 200 momaka pošljem da se oni Turci najpre razbiju, pak ćemo posle svi na Valjevo. Ja onu istu noć 26. februara stignem u našu vojsku u Grabovicu jedan sat do Valjeva, i odmah odvojim najboljih 200 momaka i sa Lukom iz Kutišice pošljem stricu na Svileuvu. Sutradan, 27. februara, pošljem onu jednu vrećicu od 16 oka baruta knezu Nikoli Grboviću i njegovu sinu Milovanu da oni dadu polovinu knezu Miliću Kediću.

Februara 28. pozovem Turke iz Valjeva na dogovor i dođe mi Sali-spahija, koji je bio moga oca ćata, i jošte 5 starih Turaka. Ja im kažem ono što sam i našim vojskama kazivao: kako je Hadži Musta-pašin sin isprosio kod cara da svoga oca na dahijama pokaje, kako je poslao svoga bimbašu da digne Srbe da sve janičare u gradove sateramo i da će potom Derviš-beg Mustapašić dovesti vojsku i topove da istera janičare, a on da ostane vezir u Beogradu, po carevom fermanu, namesto svoga oca, i pročaja. Kažem i to da je taj Derviš-begov bimbaša kod mene u vojsci itd. I to svi oni veruju, jer ja sam tako kazivao kako bi moglo biti. Takva nam je onda u nuždi najbolja politika bila, a siromah Hadži Musta-paša[1] nije ništa o tome znao. Kažem ja tim Turcima: »Isterajte vi Poreč-Aliju, pak mi da svi kućama idemo i u miru kako smo bili da budemo. Ako li ne isterate, a vi nas čekajte, do 5 dana doći ćemo da ga mi sami isteramo. No mi opet nećemo na vas, koji ste mirni i dobri carevi Turci; vi se odvojte do čaršije gore, a mi ćemo njegov konak okružiti, pak ćemo se ogledati.« – Vele Turci: »E, moj proto, pošto dođe vojska u kuće, tu se onda neće znati ni pravi ni krivi.« – Ja im kažem da drukčije ne može biti. »Mi moramo Poreč-Aliju ili živa ili mrtva u rukama imati, ako ne pobegne. A vi, ako ga počnete braniti, nemojte nas kriviti šta vas snađe.« Usred tog našeg razgovora dođe stari knez Nikola Grbović i vojsku prema nama uparadi, a Jovica Milutinović od marama barjak načinio i nosi ga tamo-amo pokraj parade. Pogledaše Turci i reče Sali-spahija, ćata moga oca: »Ala otkuda vam onolika vojska?« – Ja mu kažem: »Ta ti imaš harački tefter u rukama i znaš koliko ima muškaraca: sve je ustalo, i staro i mlado. A to što vidiš to je samo do Slovca i do Brankovine, a Grbović s vojskom baška je, a Kedić baška, a jednu vojsku imamo na Belom Brodu, a drugu na Paležu – čuvaju od Beograda – a jednu imamo kod Svileuve u Gomilici, prema Šapčanima i Zvorničanima, koji su bili pošli Poreč-Aliji u indat, pa ih je u Svileuvi Jakov optekao, itd. »Preko sviju razgovora reknem ja: »Ili Poreč-Aliju iz Valjeva isterajte ili se nadajte: eto nas na Valjevo, pa što kom bog dade; a vera je tvrda: za pet dana nećemo udariti, ne bi li vi Poreč-Aliju sami isterali. I opet vam kažem: eto nas do pet dana ako Poreč-Aliju među vama uzdržite« – i rastanemo se.

Vratim se ja i Živan buljubaša, koji smo tu na sastanku bili, i nađemo gde nas čeka stari knez Nikola Grbović. Među pročim dogovorima zapita on mene: »Dušo, kad ćemo udariti na Valjevo da palimo?« Ja mu kažem da sam dao veru da za pet dana nećemo udariti; ali zbog toga sam ja to učinio što je dosta Turaka u Svileuvi i što sam tamo 200 najboljih momaka u pomoć poslao da one Turke razbiju, pak onda svi skupa na Valjevo da udarimo. Kad sasluša on to, reče mi: »Da nisi, dušo, vjere zadavao, ja sam mislio baš večeras da

[1] Mesto Hadži Musta-paša treba razumeti Hadži Mustapašić (Lj. P. N.)

udarimo; ali kad si na Svileuvu poslao vojsku, i na pet dana odgodio, neka ostane dok vidimo šta će na Svileuvi biti: no velim da ja uz put ispod Valjeva ovo čardaka, sena i slame zamunđam, neka ona pasja vjera zna da ćemo da palimo.« – »A ti dela to, kneže!« reknem mu ja, i on ode u svoju vojsku u Žuber, ali po mraku. Sad da vidite moje pameti, koje me uverilo da stari ljudi pravo kažu: prva vojska za drugoga. Ja sastavim vojnike i reknem onima koji su iz obližnjih sela: »Večeras su, braćo, poklade: idite kućama te pokladujte, pa rano ujutro dođite.« I oni odoše, samo do 400 ostade s nama u Grabovici na konaku; a ja, oslanjajući se na ono što sam s Turcima uhvatio veru da za pet dana nećemo udarati, legnem bez brige da spavam. Al' u neko doba noći dotrča stražar, izbudi nas i kaže da izgore Valjevo i mnoge puške pucaju. Ustanem ja i pogledam: Valjevo doista gori! Povičemo vojsku i skupimo, pošljemo u obližnja sela da brže svi dođu, i tek sad vidim kakvu sam pogrešku učinio za ljubav poklada, a s druge strane čudio sam se ko udari na Valjevo i ko ga pali. Ali ovo je ovako bilo: kada je Grbović preko Kolubare vrlo dockan od nas otišao po mraku, nađe turska sena i slame i čardake po sata ispod Valjeva i sve popali, pak se vrati u Žuber u svoju vojsku, pak bez brige i on pokladuje i legne spavati. No Kedić i Milivoj s druge strane Valjeva, kad vide vatre ispod Valjeva i plamenje, oni pomisle da je naša vojska udarila i sa dnu Valjeva počela paliti, pa jedan iz Vrane u srpsku varoš, a drugi na Brđane u turske kuće slete i počnu paliti Vidrak.

Kad Turci to vide, onda Poreč-Alija zapovedi te se sve kuće oko njegove kamene avlije popale da bi puškama plac učinio, i tako se na noći čini da se svo Valjevo u oganj pretvorilo. Sad ja zapitam Živana buljubašu: »Šta ćemo sada? Mi sinoć dadosmo veru za pet dana da nećemo udarati, a oni bez dogovora udariše i zapališe Valjevo. Sad ili je bolje održati Turcima reč, a našu braću ostaviti da se sami tuku, ili je bolje reč pogaziti, a braći u pomoć priteći?« – Buljubaša Živan reče: »Oboje nije dobro; ali opet bolje reč pogaziti, kad je nehotice, nego braću svoju izdati.« I tako pođemo mi odmah složno, i taman dođemo u polje pod Kličevcem (gde je sada kula ozidana), a od ljubostinjske ćuprije prosu se oko stotine pušaka. Na to mi se naniže odbijemo. Tu nam pogiboše dva vrlo dobra momka iz Vrovina. Zapalimo nekoliko kuća jošte, i Turke u veliku kamenom ozidanu avliju zatvorimo i čitav smo ih dan iz pušaka tukli. Pred noć pređem ja preko Kolubare, sastanem se s knezom Nikolom Grbovićem i Kedićem da se dogovorimo šta ćemo sad raditi. Stari knez Grbović kaže: »Ovi se Turci u onaku tvrdoću zatvoriše gde im se, dušo, bez topa ne može ništa učiniti. No valja ih čuvati, dok se od gladi ne predadu; ali nema brašna (on tako zvaše barut)! No idi ti, dušo, traži brašna, a ja ću ovu pasju vjeru čuvati i ceniti kao i oni što su moga Aleksa i Birčanina cenili.«

Te noći, kad smo se tukli na Valjevu, videli smo s brda svo nebo crveno na Rudniku, koji je Karađorđe i Janko Katić zapalio, i to kad vidi naša vojska, vrlo se ohrabri; a tako su isto i oni (kao što mi je posle Katić kazivao) videli plamen od Valjeva. To je bilo na poklade 28. februara 1804. godine, a isti dan i Jakov je na Svileuvi razbio Turke, i kažu da je 270 Turaka poginulo.

Ja onu istu noć stignem u Zabrežje (poslednjeg februara 1804. godine), no Živković ne bejaše doneo džebanu. Pređem na boljevački čardak, gde mi dođe neki obrlajtnant, koji je na kordonu; on rimskog veroispovedanija, ali je prepun čovekoljubija i pravice; pita on mene zašto se bijemo s Turcima; ja mu sve pokazujem: kakve smo zulume trpeli, »i dalje bi trpeli, no dahije popisaše u svoj tefter sve koji su za ćesarskog rata bili oficiri, kaplari i soldati, a pri tom i najbolje kaluđere i popove da iseku, i već moga oca kneza Aleksu, Birčanina, Hadži-Ruvima i druge po pašaluku isekoše koga mogoše uhvatiti. Mi drugi pobegosmo u planinu i posastajasmo se u buljuke, od buljuka načiniše se čete, a od četa vojska, i hoćemo da se branimo ne bi li car čuo da pošlje kakva dobra vezira da nam pomogne, jer mi nismo na cara ni na Turke caru pokorne ustali, no na četiri dahije i njihove subaše a naše zulumćare, i volimo i zakleli smo se pređe svi izginuti i utamaniti se, da se srpsko ime ne čuje, nego pokoriti se ovim Turcima. No ja vas molim, gospodine, dajte mi sovet, kad smo već mi ovako zakrvili, kome ćemo pružiti ruke da nas zaštiti i u mir postavi.« – Obrlajtnant na to odgovori: »A koga vi u ovoj strani više imate nego mitropolita Stratimirovića? On je od vaše nacije kao kralj, a dobro se pazi sa princ-Karlom, a princ Karl sada je nad svom vojskom u našem carstvu najstariji vojvoda. Pišite njima dvojici ili general-komandi u Varadin, ne bi li se za vas poduzeli; molite se.« – Ja reknem: »Gospodine, ta ja ne znam nijednom popu napisati pismo, a to li ja da napišem mitropolitu i princu Karlu!« – »Ta – reče – znaš li ti kako god napisati da ti se reči mogu pročitati?« Ja mu kažem, da to znam, i da sam malo u Sremu učio, i da mi se mogu svake reči pročitati; ali kažem mu da tu valjadu politične titule koje ja ne znam, niti umem kako valja napisati. Na to mi obrlajtnant reče: »Prođi se ti, čoveče, titula i politika. Ako ti njima politično pišeš, i oni će tebi politično odgovoriti, pak nećeš znati gde si. Već ti napiši onako kako si meni kazivao, i daj meni, ja ću im poslati.« Ništa to; ja ne smem da se usudim. Odem u Zabrežje i kažem da ću čekati Živkovića, i sutra ću opet na čardak preći. Onu noć dođe meni pismo od Grbovića i od naših buljubaša da su Turci onu noć kad sam ja otišao pobegli iz Valjeva; tako mi isto i stric Jakov pise da su razbili Turke na Svileuvi i mnogo ih pobili, no da gledam džebane što više i brže mogu da ponesem da idemo na Šabac.

Ja onako radostan pređem na čardak boljevački. Dođe lajtnant i pop Jakov, paroh boljevački, sa kočijama; ja se poćeh hvaliti i kazivati kako su Turci onu noć iz Valjeva pobegli, kako ih je moj stric Jakov razbio na Svileuvi, i da je palo oko 270 Turaka, a ono drugo ranjeno i poplašeno pobeglo u Šabac, i kažem im kako smo onu noć, kad smo mi Valjevo popalili, videli plamen na Rudniku, i nadamo se da je i Crni Đorđe Rudnik osvojio, itd. Sad lajtnant reče: »Ta vi međer imate dosta i dobre vojske kad vi možete na tri mesta pobediti ujedanput onako silne Turke, kao što ih mi poznajemo kakvi su.« Ja kažem: da mi vojske imamo dosta i da Turcima nimalo u hrabrosti nećemo ustupiti, »no dajte nam džebane, pušaka i topova i veštih oficira, pa ćemo mi Turke i iz gradova isterati«, itd. On opet kaže mi: »Pišite vi onoj dvojici, kako sam ti juče govorio.« Sad ja uzeh razmišljati, jerbo mislim da nije dosad Crni Đorđe komegode pisao, pa se bojim da on od jednu ruku ne piše, a ja od drugu, pak ću mu pokvariti plan i posao. Zapitam lajtnanta, otkako je on na kordonu jesu li kakva pisma od Crnog Đorđa ili koga drugoga na koga gode prešla? On kaže: »Kako se čulo Crni Đorđe i vi da kupite vojske, odmah sam ja došao na kordon, i znao bih da je kakvo gode pismo u ovu stranu na koga gode prešlo, no nije nikakvo.« Ja onda reknem: »Kad me vi, go-

56

spodine, tako sovetujete i slobodite, i kad nije nijedno dosad prešlo pismo od Crnoga Đorđa, ja bih napisao kako bilo da bilo, no ja nemam ni divita, ni pera, ni hartije.« A on na to reče:»Idi, oče Jakove, donesi mu što treba za pisanje.« Popa Jakov otrča na kočija i donese mi divit, pero i četiri tabaka hartije. Ja pređem u Zabrežje, u kuću Pantelije Ružičića, i na maloj stolici klečeći pišem noću, a Pantelija drži sveću; pisao sam kako sam umeo. Napisao sam dva pisma, jedno mitropolitu Stratimiroviću, a drugo – sad ne znam upravo kome, zaboravio sam, ili princu Karlu ili general-komandi, jerbo mi je oboje napominjao lajtnant. Koliko sam mogao, opisao sam zulum koji smo trpeli od janičara, i kazao sam da bi još dalje trpeli no oni popisaše sve u svoje teftere ko je bio oficir, kaplar i prost soldat u frajkoru, koji su od 1788. u ratu austrijskom protivu Turaka vojevali i hoće sve da iseku. Kazao sam kako su već isekli knezove i glavnije ljude,»koje pohvatati mogoše, isekoše; mi mlađi, ustrašeni od smrti, u šume pobegosmo, i od begunaca skupi se vojska; rešismo se i zaklesmo se da volimo svi izginuti i ime srpsko utamaniti nego se ovim zulumćarima podložiti; zato se molimo da carstvo austrijsko pruži ruku i ovaj nevini narod kakvim načinom zna izbavi od propasti konačne« i proče. Pri tom iskao sam da nam dadu džebane, topova i oficira. I sad se smejem kako sam onda mislio i pisao, jer sam tražio naposletku, ako nam neće drukčije pomoći, a ono bar da nam vrate onoliko vojske koliko je našega frajkora njemu (ćesaru) služilo, kao bajagi da nam zajam vrate. Ova su pisma pisana bila poslednjega februarija ili prvoga marta 1804. godine, poboravio sam datume.

Sutra odnesem pisma na čardak. Dođe mi lajtnant i pop Jakov, doneše mi crvenog voska; ja pročitam moje jadno prosto prošenije, a lajtnant:»Eto tako, prosto srpski, oni će sve razumeti, a da si ti njima s politikom pisao, oni bi vama politično odgovorili pa ne bi znali gde ste.« Onde zapečatimo pisma i on ih uze da pošlje.

Od strica dolaze jednako momci i pitaju:»Kamo džebana? Vojska veće gotova da ide na Šabac.« Čekam Živkovića, ali ga nema da dođe. Već stric Jakov otišao na Šabac, srpski Bair osvojili i turskih nekoliko kuća popalili, a Turke u grad saterali; to je bilo u početku marta. Dođe Živković, donese džebane, koja zaseca 600 forinti srebra, ali ne da bez novaca, a ja novaca nemam da platim. Eto grdne muke i nevolje. Čitava dva dana mučim se po selima da koju paru nađem; no koji bi mi dali, oni su otišli u vojsku, nema ih kod kuća. Srećom Branko Ašković i Mijailo Teodorović doteraše na skelu zabrešku 300 debelih veprova, a oni su ortaci moga strica. Setim se ja: pomozi bože, evo novaca! Pomenem ovoj dvojici da dadu policu na Hadži-Bajiće u Mitrovicu da isplate 300 talira Živkoviću. No oni skočiše za oči: »Prođi se, proto, zašto se zadužuješ? Sutra, kad u Srem pobegneš pod dugom, a ionako, čime ćeš se 'raniti itd.« Eto opet muke gore. Vojska ode na Šabac, a džebane nema, a novaca nema, sve zlo od gorega. Čitav dan molim za policu, a oni ne dadu se umoliti. Najposle zapitam ja njih: »Je li Jakov vaš ortak?« Kažu da jeste. »Dobro (odgovorim ja), ja sam Jakov!« (jer to jedna kuća bila, nismo ništa u kućevnim stvarima odvojili, i on je mene svuda, a ja njega zastupao), i reknem povelitelno: »Odvojte dakle mojih sto veprova, hoću da dam za džebanu.« Ali kad vidim da oni opet ne dadu, onda povičem ja na moje momke: »Presecite i odvojte sto mojih veprova, pak poterajte u skelu.« Pođoše momci da otiskuju veprove, a kad vide Branko i Mijailo da se ja ne šalim, dođoše i rekoše, te ja plajvazom, a nemam divita, napišem policu da Hadži-Bajići isplate trista talira Živkoviću pa onda prenesem preko Save i dam Stevanu Živkoviću, a on meni džebanu. Dosta baruta, i olova beše prilično, i dva džaka gotovih fišeka. Sad ovde dođe iz Ranilovića Radoje Trnavac, i obraduje se kad vidi da smo mi našli izvor i čoveka koji će nam dobavljati džebanu, i ja ona dva džaka fišeka dam Radoju, te on to odnese u njihovu vojsku, a ono baruta odnesem u Šabac da tamo kuršume lijemo i vijemo fišeke i s Turcima se bijemo. To je u martu oko 10, malo pre ili malo posle bilo. – Stefan Živković donosio nam je džebanu s procentom na sto trideset, ali džaba! Dok neki Dimitrije Puljević i on poče nam donositi po nešto džebane, i ode u Novi Sad i pokojni novosadski vladika Jovanović pošlje nam jedan od crkve gvozdeni top, podulji od po fata, koga je Puljević kradom u Varadinu dao opraviti i karu i sve kao najbolji top spremiti; i krijući i top i đuleta i tobdžiju, nekoga Matu Nemca, na Klenku kradom noću preturi. Dobismo top, sad kto jako mi Srbi! Kažemo našoj vojsci da nam je ćesar iz Beča poslao, ali da svaki ćuti i taji. Veće narod uveri se da mi imamo sporazumije s Nemcem i da će nam vojska doći, i tako sad počnemo grad onim topićem tući. Vladika Jovanović dade Puljeviću i drugi onoliki topić, te ga Puljević u Varadinu opravi.

IV

Oko poslednjih dana marta 1804. godine dođe nama od general-komande varadinske odgovor na ona moja pisma koja sam iz Zabrežja pisao i molio za pomoć. Sad ne pamtim svo pismo kako glasi, no toliko upamtio sam da general--komanda po višoj zapovesti javlja nam da je austrijski dvor sa otomanskim dvorom u najvećem prijateljstvu i da on nama nikakve pomoći ni u čemu učiniti ne može, no da će toliko učiniti i nas i turske dahije pozvati da nas pomire. I baš sve mi se čini da je to pismo datirato 20. marta, valjda je po rimskom.

Ja uzmem ovo pismo, zovnem mog strica Jakova, Mitra Maličanca trgovca, Koju iz Svileuve, i jošte njih dvojicu, pročitam im ono pismo, zakunem ih da nikom ne kažu da nam Nemac neće pomoći, i da sve govorimo: eto Nemca, eto topova da se narod ne bi poplašio. Međutim, čujemo da je vladika Leontije dolazio Crnome Đorđu, i po zapovesti dahijskoj davao mu sto kesa novaca, i da sve što ima njegovo prenesu mu u Nemačku da se samo umiri, a i pomalo glasalo se da se Crni Đorđe već umirio. Mi se poplašimo od toga da ne bude istina sad kad mi već Šabac topom bijemo. Kao general-komanda, tako nam je i mitropolit Stratimirović pisao i svima, a osobito meni samom savetuje i kaže da mi u svom pretprijatiju svagda držimo da smo turski podanici bili i da ćemo po svršetku ovoga dela opet turski podanici biti; zato koliko bolje možemo da svoje ljude čuvamo da bez nužde ne biva krvoprolitija, i da se čuvamo da ne beščestimo turske džamije, hareme, turske grobove i, jednim slovom, što gode Turci počituju za svetinju i mi da počitujemo, da ne bi i dobre Turke i samoga sultana naljutili i na gnev razdražili.

Kako ja ta pisma primim, uzmem 18 momaka i pođem da nađem Crnoga Đorđa da mu pisma pročitam i da se dogovorimo da se ne bi usudio kogod predati i da jedan plan imamo po kom ćemo vojevati (međutim, poslao je bio Crni Đorđe

Pavla Popovića iz Vranića da vidi šta mi gore radimo i bijemo li doista Šabac, i otkud nam top). Dođem u Orašac kragujevački. Na brdu sretnem kneza Simu Markovića i Teodosija, kneza iz Orašca; raspitamo se, i oni me po ocu poznadu; sjašimo i posedamo u polju. Pitaju me šta mi gore činimo; ja kažem da mi Šabac bijemo i da već i top imamo, i kažem im da sam ja pošao Crnom Đorđu da se dogovorimo da jedan plan uzmemo. »Jerbo se – velim – on tuče s Turcima tamo, a mi gore, a ništa se ne dogovaramo; a evo pisma koja moram da mu pročitam i na njih odgovor da pošljemo.« I njima pročitam pisma. – Veli knez Teodosije: »Popo, kako si ti pisao, a ti piši opet i odgovori na to pismo; a Crni Đorđe ne zna pisati, a nema ni pisara, on samo zna Turke tući, no se ti vrati.« Ja kažem da ja moram te moram Crnoga Đorđa naći. »Ali – veli knez Sima – ti ne znaš putova pak možeš u Turke upasti, a tamo kud ti ideš ima Turaka.« Kad oni vide da me ne mogu nikako da vrate, reknu mi te uklonim sve moje momke na stranu, a tako i oni učine, pa onda iskreno mi kažu: »Mi smo – vele – prekjuče udarili na Jagodinu, a nismo znali da je Kučuk Alija s krdžalijama došao, i tu nas Turci razbiju i Jagodinu ostavimo, i otišao je Crni Đorđe po onom kraju iskupljati vojsku, a mi sade idemo u vrbovku pak ćemo opet do koji dan ići Đorđu.« Time oni mene poplaše što ne znadu gde je Crni Đorđe. Vratimo se zajedno kod zbega u Klještevici i tu noćimo. Ja te noći prepišem ona pisma i dam kopije da oni Crnom Đorđu dadu, i tako ja opet dođem u Šabac.

Ovaj Kučuk Alija, četvrti dahija, kako je video da se sa Srbima umiriti ne mogu, uzme mnoge novce, provede ga neki knez Maksim iz Guberevaca prekim putem do u Vrbicu, gde je bio Crni Đorđe i Katić Janko na konaku u hanu sa jedno sto momaka; i kad po polju vidi vojsku, mislio je da je naša, jer nije se nadao Turcima s one strane: dok Kučuk Alija napadne tući, a nije ni u njega mnogo više vojske bilo. Crni Đorđe sa ono momaka tukući se s mukom u planinu izmakne, a Kučuk Alija ugrabi crveni ćurak Crnoga Đorđa, odnese u Kragujevac i kaže:

»Rajo, ja sam Crnog Đorđa pogubio, i evo mu ćurka.« I tako ljudi mu veruju i zairu mu donesu, i on ode k Jagodini i k Nišu, pokupi krdžalije i dovede u Jagodinu. A naši ne znali da je tu s krdžalijama Kučuk Alija, i tako udare na Jagodinu i budu razbijeni. Kako je Kučuk Alija naše od Jago-dine odbio, krene se Beogradu, no Vasa Čarapić dočekao ga kod Belog Potoka oko Avale i više od 100 glava im je odse-kao i konja oteo i druge kojekakve pljačke. Crni Đorđe, po drugi put, posle ode s vojskom i Jagodinu očisti. Onoga kne-za Maksima, koji je proveo iz Beograda Kučuk Aliju, kad smo posle s vojskom na Beograd došli, izvedu nam preko Topčidera u logor i Katić Janko nožem ga svega iseče.

Međutim, mi jednako bijemo Šabac, valjevska vojska i šabačka Tavnava i Posavina. Pred Tavnavom bio je knez Stanko iz Bošnjaka; a pred Posavinom knez Teodor iz Žaba-ra, pred šabačkima bio je neki Ostoja Spuž, vrstan čovek. Mačvani su mučni ljudi na vojni. Samo neki Andrija Vitomi-rović iz Drenovca i Ostoja Spuž držali su po neko čislo mo-maka, a Đorđe Ćurčija hoda po Mačvi i oko Cera, slabo u Šabac dolazi i u boj se pušta. U aprilu mesecu dođe glas da su zvornički paša Vidajić i Mula Nožina pokupili vojsku i došli u Lešnicu i hoće Šapcu i Mus-agi u indat. Poručimo mi knezu Mijailu mačvanskom i Ćurčiji da skupe vojsku pod Cerom i da čekaju dok i naša vojska dođe, pa da se na Tur-ke udari. Odbere moj stric Jakov oko 400 momaka valjev-skih i iz šabačke Tavnave, odvede u Čokešinu manastir, gde samo zastane Ćurčiju sa nekoliko momaka, a od kneza Mi-jaila nema ni glasa. Hteo je Jakov oko manastira busije pra-viti, pa onda s Turcima boj zametnuti i onde ih dočekati, no Nedići nisu hteli, nego izađu dalje k Lešnici i boj zametnu, a Ćurčija Đorđe uzme svoje društvo i ode u Cer, a ne u boj. No Turci Lešničani, vešti onuda, provedu svoju vojsku stranpu-ticama s leđa i sve naše opkole, i tako se vas dan tukli, gde u jednoj vrtači opkole naše vojske i s njima one slavne i hra-bre sve hajduke i obadva Nedića. Njima pred mrak nestane džebane a Turci juriše, te su se svi puškama kijački tukli i noževima sekli, dok mnoštvo Turaka nadvlada i nako izra-njavane pobiju i iseku. A moj stric Jakov s nekoliko više ra-njenih nego zdravih izbavi se. To je boj bio uoči Cveti na La-zarevu subotu, tj. meseca aprila 18.[1] leta 1804.

Šta sam ja na Šapcu radio dok je gore stric otišao i tukao se s Turcima. – Mi smo otpre često odlazili na klenački čar-dak poslovima; a tako su i šabački Turci dolazili kupovati što

---

[1] Godine 1804. Lazareva subota bila je 16. aprila. (Lj. K.)

im treba. Turcima Šapčanima jednako smo govorili da oni ne trpe muasere (opsade) za hater Fočić Mus-age i njegovih subaša, no neka ih proteraju iz grada, pak mi sa njima da budemo u ljubavi kao što smo i bili, inače i oni će svi pogoreti. Zato su i kazali Šapčani Mus-agi: »Ja izlazi ti od nas, da ne trpimo mi s tebe; ja mi ćemo svi Šapčani grnuti napolje i raji se predati.«

Ja sam često odlazio na Klenak, gde je dohodio obršter (Andra) Stojičević i kapetan Kosta Jovanović, i oni su naši dobri prijatelji i Turcima jednako govore: »Isterajte Fočića, pak mirni budite.« Dok veće sklone se i Šapčani i Mus-aga da izađe, i na čardaku načinimo kapitulaciju: da Mus-aga iziđe i da ide sa svojima u Beograd, a mi sa Šapčanima u miru kao pre da budemo; i tako potpišemo da prekosutra rano izidu. Iska se Mus-aga da u Bosnu ide, no mu mi to ne dopustimo, no on neka ide u Beograd, a može harem i decu u Bosnu poslati. Na to se Mus-agini polnomoščnici potpišu i obršter za svedoka, i da će obršter dati lađe da Mus-agin harem do Brčke isprate, a graničare da Mus-agu od Klenka niza Savu do Zemuna i u Beograd proprate. Turci kažu: »Kamo i Jakov, da se i on potpiše?« – Ja im kažem da je svejedno, »no ako baš hoćete, sutra će i Jakov doći.«

Sad ja kazem Šapčanima da njihova vojska stoji u Lešnici, za koju i sami znadu, a naša prema njima, pak može biti da će se pobiti: »Zato dajte dva Turčina od vas da idu i da kažu da smo se mi pomirili i da je Mus-aga izišao iz grada, no neka se vojska bosanska vrati, da se više kavge ne zameće.« Oni dadoše Hadži-Zmijinjaka i jošte jednog stara Šapčanina, i ja dadem dva momka da ih otprate do turskoga logora, a pišem stricu Jakovu da dođe, i to noćas, i kažem zašto je. To je bilo u ićindiju kad su pošli, baš onaj dan kad su naši razbijeni, 18. aprila. Kad bi oko 4 do 5 sati noći, ali stric dođe. Čudim se ja kad pre dođe moje pismo do njega, kad li pređe on dođe, i reknem mu: »Kako dođe tako brzo?« – »Be – veli – kako sam išao, sporo sam došao.« Pitam je li dobio moje pismo; kaže da nije, no kaza kako su razbijeni. Ja mu kazah da sam ugovorio da Mus-aga sa svojih 300 subaša sutra polazi. On se tome obraduje. Taki naredimo trostruke straže oko Šapca da ne bi Mus-aga doznao da je naša vojska razbijena na Lešnici.

Sutra rano odemo na Klenak i Mus-aga pređe iz grada sa svojih blizu 300 momaka, te ga graničari otpraviše niza Savu do Zemuna, pak u Beograd (i ovo će biti oko 20. aprila), a njegove dve lađe uza Savu Nemačkom do Brčkoga, a jedna mu se lađa sa prtljagom potopila.

Sad kad ona moja dva Turčina iza Šapca poslata dođu u Lešnicu u vojsku, skoče na njih Bošnjaci i počnu ih reziliti i pretiti da ih iseku što su Mus-agu pustili da ide i Srbe poslušali, »a mi – vele – ove smo potukli, a sutra bi došli u Šabac da i one potučemo.« – Ele se vrate natrag. – Kako Mus-aga iziđe iz šaranpova, a mi svi u grad, pak sa Šapčanima lepo pazarimo i pozdravljamo se, i spahiju spahijom, efendiju efendijom zovemo, kako gode prvih godina, pak opet na naše kvartire, i da spremamo da vojsku kućama otpuštamo. Naredimo da od Srba ostane Pavle iz Vukone u gradu sa 20 momaka, dok se narod oslobodi Turcima dolaziti i donositi ko što ima na prodaju.

Međutim, dođe meni pismo od Crnoga Đorđa da dođem u ovaj i u ovaj dan u Ostružnicu. Stric ostane raspolažući. Ja taki odem u Ostružnicu. Kad dođem, kaže mi Crni Đorđe da nas zovu u Zemun, gde će biti varadinski general i dahijski polnomoćnici da nas mire. Mi prepravimo devet punktova šta ćemo od dahija zahtevati, pak da se mirimo (ove punktove naći ćete u mojim pismima). Dođu nam kontromanska kola; sedne Crni Đorđe, Katić Janko i ja, i momak Karađorđev Antonije Pljakić. Dođemo u Zemun u generalovu baštu. Sedi general s levu stranu i oficira dosta u redu; sede Turci, oko 10 do 12 njih s desnu stranu; dadoše nama trojici u začelju tri stolice.[1] (A Antonije Pljakić, kao što sam uz put kazao, stane s dugom puškom iza Crnoga Đorđa, a bio je ličan i obučen u najlepšim haljinama.) Pita general Đenej[2] zašto se bijemo s Turcima. Mi kažemo po redu kakvi smo od dahija zulum podnosili, i najposle isekoše naše knezove, kao: Aleksu, Birčanina, Stanoja, Petra iz Ćuprije, Hadži-Ruvima – i pobrojimo sve druge koje smo onda dobro znali – i ćadijahu

---

[1] U drugom jednom svom rukopisu, spominjući ovaj sastanak, veli: »Jedan od Turaka reče: je li to Crni Đorđe?« a on: »Kojekuda, baš sam Turcima crn, a nikom drugom, a jošt ću im crnji biti ako živ Đorđe bude.« (Lj. P. N.)

[2] Pravo mu je ime Ženeji. (Lj. K.)

da sve glavne ljude i one koji su u austrijskom ratu vojevali iseku, da sama deca ostanu itd. – Rekoše od turske strane dva muhasila (to su od carstva i finansije): »Šta je bilo, bilo; neće age sad onako činiti, i oni se kaju.« – Na to Katić turski rekne: »Baš i neće! Vi sedite mirno, vi ste carski muhasili; mi na cara nismo ni na vas careve služitelje ustali, no na dahije, s kojima ćemo sreću s oružjem da podelimo.« – Pita general Đenej dalje: »Šta zahtevate vi od Turaka, šta li Turci od vas? Mene je moj dvor naredio da vas pomirim.« – Mi pročitamo 9 punktova, od kojih prvi je bio da 4 dahije i njihove subaše ne budu u Beogradu – i proče, što ćete naći, kako rekoh, međ' mojim ostalim pročim pismima.

Od tih naših zahtevanja Turci nešto ostavljaju, general dodaje da bi kako do mira doveo. I bilo je mnogo prepirke od obe strane, ali od Turaka manje, jerbo se stide i poznaju svoju krivicu. (I ovo da znate: bilo je u Topčideru desetak kuća slamnjača bugarskih, pak su prazne ostale a Bugari pobegli. Kad smo mi iz Ostružnice pošli, ostavimo Aćima Doljanca iz Ostružnice da se prikuči onim kućama i da ih u ovo vreme zapali pak da se ukloni.) Siromah general malo nagibaše i na tursku stranu i trudi se da bi kako došlo se do mira, no mi često pogledamo na ono što se nadamo, dok opazismo u Topčideru dimove. Skoči Katić aki bi ne znao. Rekao bi se zgranu, i reče: »Nuto gospodine, vi nas na carski i vaš obraz prevedoste preko Save, a dahije pale kuće i robe sirotinju kao vuci ovce bez pastira!« Ustade i general, opazi dimove – u nebo uprli – od deset kuća, pak se okrene na one Turke, izvrati kožu: »Vi, jedne kesedžije, vi, jedni buntovnici svoga cara, vi ste vašeg vezira ubili, vi srpske knezove isekoste, i mene car poslao da narod sklonim da se pomirite, a vi pred očima moga cara, koji je mene umesto sebe poslao, sirotinju palite i ubijate«, itd. A Turci svi viču:

»Vala nije od nas niko u Vračar izišao, vala bila, nije naš niko!« Đipa Katić između sedećih Turaka i Nemaca, rekao bi se pomami, vatra mu iz usta seva. Siromah komandirender nađe se u čudu, jedno se boje da Janko njih koga ne dodirne, te bi morali svi u kontromanac ići, a većma se boji da onako ljutit Janko ne zametne s Turcima kavgu, i sve jednako viče: »Polako, Janko, polako Janko!« – »Lako ću, gospodine, lako – viče Katić – jer sam ovde za vodom i prevaren, al' čućeš me sutra na Vračaru!«, pak okrete se Turcima i reče: »Čujte, i dahijski i carski Turci, idite i kažite kurvi Kučuk-Aliji: ujutru rano neka izađe na Dedino brdo ili u Vračar, gde on voli, pa hat mu, hat mi; kubura mu, kubura mi; gardija mu (miždrak), gardija mi; sablja mu, sablja mi; čime on voli da ja i on mejdan podelimo, a sirotinja neka mirna bude!« Usta i Crni Đorđe i reče komandiru Đeneju: »Gospodine, oprostite na vašem trudu i dolasku, al' od mira ništa nema, i odsad ćete čuti i videti bojeva, i zbogom!« Okrete se opet Katić Turcima i reče turski: »Da abir đeret (jošte jedanput vam kažem), kažite opet kurvi Kučuk-Aliji što mu poručuje Katić Janko iz Rogače; ako je muško, sutra rano na mejdan da mi iziđe.« – Tako opet mi na kola sednemo i odemo; pređemo u Ostružnicu i tu se dogovorimo da ide Crni Đorđe i Janko Katić da kupe vojsku, a ja u ovaj naš kraj, tako kako ćemo 9. maja baš na Sv. Nikolaja svi doći na Topčider. (To je sve bilo naše Velike nedelje pred Voskresenije 1804. godine.)

Ja kako dođem u Brankovinu, kažem mome stricu ugovor. Odmah poručimo za kneza Grbovića i za Kedića da uzmu od svakog sela najglavnijih po 4 do 5 ljudi i dođu na Reljino polje na skupštinu i dogovor: koji će poći na Vračar, koji li će ostati oko nahije straže čuvati, i da ostavimo ko će u nahiji u odsustviju našem tišinu nabljudavati. Odmah se skupština skupi, dogovorimo se da mi na Vračar idemo, Kedić da čuva od Sokola a Grbović od Užica, ali svaki po neko čislo s nama vojske da pošlje i da pođe pred svima Milovan, sin Nikole Grbovića. (A od Šapca bili smo sigurni, jer kad smo Mus-agu ispratili i našega kneza kod kadije ostavili, tako smo tvrdo ugovorili da se oni od nas ni mi od njih ništa ne bojimo.)

Sad trebalo je narodu sud ostaviti. Ja sam imao kormčiju i čitao zakone Justi(ni)janove i Mojsejovu strogost nad Jevrejima i ispišem nekoliko paragrafa iz kormčije. Od kojih pobrojaću neke: 1. Ko bi ubio čoveka, da se ubije i na kolo metne; 2. Ko otme devojku silom (kao što je gdegde bivalo, a osobito u kakvim bunama kad se sudovi pobrkaju), taj ženik, kum i stari svat šibu da trče, a drugi štapovima da se kaštiguju; 3. Ko ukrade jagnje, prase, konja ili vola, taj da plati dvoje i da se kaštiguje štapovima; 4. Ko uteče iz vojske bez dopuštenja, da trči šibu; 5. Sa straže koji pobegne, da se strelja; 6. Koji se krivo zakune i krivo svedoči, taj onu svu štetu za koju je svedočio da plati, štapovima da se kaštiguje, i da mu se nikada više ništa ne veruje, i da se za svagda lažom proglaša; 7. Kad se svade i psuju, koji se prehvati za oružje, kao pola ubistva, da trči šibu ... itd. 14, 15 li punktova. Sad u skupštini kažemo da mi svaki na svoju stranu s vojskom odlazimo, nahija ostaje bez starešine i suda, a narodu koji kod kuća ostaje trebaće suda, zato neka skupština izabere dva poštena čoveka da ih u Kličevcu, nemačkom šancu više Valjeva ostavimo. Skupština poviče: »Vi, starešine izaberite i imenujte, da vidimo koje vi znate.« Mi predstavimo Petra Čitaka iz Mušića, Grbovića knežine, i Jovana Rabasa iz sela Rabasa. Sva skupština odobri da su oni pošteni i pravi kmetovi, i da im se dade vlast da budu i sudije. Sad ja pred narodom pročitam one punktove koje sam iz kormčije prepisao, kako su stari carevi sudili, begenišu li oni i hoćemo li ovako. Oni svaki punkt jedan po jedan saslušaju i poviču: »Tako, tako nek nam se sudi, da nema globe ni hatara.« Predamo te punktove Čitaku i dva pandura da idu u Kličevac da načine kolebe i tako da sede i sude; što ne mogu rasuditi, da nama na Vračar u logor šalju i da uzmu jednoga sveštenika iz brankovičke crkve, jerbo tamo ih je dosta bilo, da načine kapelu makar oda šta, da onde službu služe i boga za vojništvo mole.

6. maja 1804. godine pođemo: ja, stric Jakov, Živko Dabić, knez Peja i više otmenih vojnika. Dođemo u Urovce, gde nas sva naša vojska dočeka. Dođe nam od Šapca Ostoja Spuž, Andrija Vitomirović iz Drenovca, po s nekoliko momaka. Popa Luku vratimo na skelu da i onaj drugi top dočeka iz Varadina što je novosadski vladika dao a Puljević opravljao, i da ga, kako primi, na Vračar dotera. Na Palež prevozimo vojsku. Karađorđe je pre na dan doveo kragujevačku i rudničku vojsku, ostavio je pokraj Topčidera, pak došao u zbeg na Duboko (jerbo su sva obližnja oko Beograda gornja sela prebegla u Nemačku preko Save prema Dubokom) i poruči da Jakov dođe u zbeg na ručak, i on ode. Ja prevezem vojsku i top. Vojska peva i vrlo vesela; al' kad pređe gospodar Đorđe pa uz paradu svu vojsku: »Dobro došli, braćo!« pozdravi, i kad ga videše i njegove reči: »Dobro došli, braćo moja, srpski sokolovi!« čuše – verujte, deco, da tu nije vojnik ostao koji zapevao nije, a mnogi je starac radosne suze prolivao kad je tako dočekao. I preko svog Dubokog re-

66

kao bi da ne samo vojnici pevaju no da je i šumar i svaki listak na drvetu ljudski glas uzeo i propevao; i tako s pevanjem u Ostružnicu 8. maja na konak dođemo.

Turci iz Beograda opaze gde je vojska (kragujevačka i rudnička) na Topčider došla, pa izađu i konjik i pešak, a naši pređu preko Topčidera. Pobiju se, no Turaka je mnogo bilo i naše nateraju na Topčider, te se preko 17 Rudničana udavi, koje smo posle, kad smo logor postavili, našli i povadili. A oko 20 momaka zatvori se u pašinu kuću koja je bila na dva boja, i pod čardakom ribnjak, gde je vezir leti izlazio na teferič (to je bilo na ovoj prvoj česmi velikoj idući iz Beograda pećini). Taman mi s našom vojskom iz Žarkova dolazimo, i čujemo gde puške pucaju, a dotrča momak Crnom Đorđu i reče:»Udariše Turci mnogi, a naši se tuku, ali su vrio u strahu.« A gospodar Đorđe samo povika:»Potrči konjik, i pešak brže hajde!« Pa obode dorata i ode. Sva vojska potrča, potrčah i ja; a Nemac Mata Tobdžija povika:»Zaboga, gospodine proto, osta top sam. Kuda ću sad ja s topom?« Ja onda jedva ustavim Jeremiju iz Kozličića[1] i Žariju iz Kutešice, i ja ostanem; ali ne smedoh za vojskom top na ćupriju da teram, jer to položenije mesta ne znam, no uz polje okrenem k šumaru. Napred otrčim na konju, iz brda vidim da sam dobro pogodio baš prema Turcima. Karu ostavim u česti, s topom potrčimo prema Turcima s brda u po strane, baš onde gde je knez Miloš načinio posle kuću i stanaru. Svučemo top u po strane. A Turci konjici pritisli svo polje iznad pašine kuće, a po polju bejaše svuda pšenica posejana, a pešak opkolio kuću i na kuću pucaju, u kojoj Pljakić i naš momak Pava i pop Sreten i jošt za 15 momaka iznutra se brane. Ali su Turci u jedne sobe već ušli i zapalili, te kuća s jednog kraja gori, a naša vojska prelazi preko Topčidera, ali ne može brzo da pređe preko vodeničkih brana. Napunimo, pomažući i ja tobdžiji, top. Ali šta ćemo sad? Top gledi iz strane upravo u našu vojsku; eto sad nevolje! Nema se čim da zakopa, da se kundak spusti i top u Turke podigne. No nevolja izađe na um. Potrčimo preko strane, nađemo dva povelika kamena, podmetnemo pod točkove: top se diže upravo u turske konjike. Opali tobdžija te jednoga bela hata pogodi, a lako je pogoditi jerbo su konjici turski bili gusti kao šuma.

---

[1] U prvom izdanju stoji pogrešno: Kozičića. (Lj. K.)

Kako naš top puče, a naši se vojnici trgoše natrag, dok dole povikaše: »Naš je top, naš je top!« a oni opet u napredak, a turski konjici prskoše. Međutim, top opet napunismo i upravo u pešake, koji su kuću opkolili, đule pade; a pešaci ostaviše kuću i pobegoše svi za brdo, a naša vojska za njima (a na svom brdu pšenica već vlatava). Kažu da je vikao Karađorđe: »Ne idite dalje, ne idite!« Al' ko čuje, ko ne čuje, i tako naši ispadnu na brdo, a Turci na brdu čekaju, pak se povrate i naše zaokupe, te još sedam-osam glava odseku. »A, kojekuda, po duši vas, viče vama Đoka: ne idite dalje, prevariće Turci, al' vi Đoke ne slušate!« rekao im posle Karađorđe. Sad oni iz kuće i iz plamena iziđu, crni kao Arapi, koje od dima, a koje od baruta. Od onda mene Pljakić prozove pobratimom. To je bilo 9. maja, licem na letnjeg Sv. Nikolu 1804. godine.

Sad s leve strane Topčidera postavimo logore, svaka nahija baška. Do ade na kamenjaku bio je knez Sima; do njega u maloj dolji Karađorđe i Katić Janko zajedno s momcima; Jakov i ja, i sva valjevska nahija, više Kamene ćuprije, ćupriju čuvamo; Mladen Milovanović kod 'Ajduk-česme; Milan Obrenović niže njega, sve s leve strane Topčidera; Čarapić Vasa na Kemalju, i čuvao je druma od Stambola. I odatle izilazimo preko Topčidera i s Turcima se često po Vračaru bijemo, i Turci isteraju četo-kaik do za adu, i odatle nas topom tuku.

Dok dođe pismo od bimbaše Milenka Stojkovića gospodaru Đorđu: Turci neće drugome da se predadu no hoće samom Crnom Đorđu. Milenko je odmah, otprilike kad i mi, ustao i s požarevačkom nahijom Požarevac umuaserio, čuvao i tukao se. Karađorđe uze Jakova, Janka Katića, kneza Simu, našeg novog kneza Peju, zeta Živka Dabića, Milana, od Šabačke nahije Spuža Ostoju i Ćurčiju s njinim momcima, jerbo je od Šabačke nahije vojske bilo malo i Jakov je njima komandirao, a Luka ie posle komandantom postao. – Mitropolit Stratimirović pošlje nam kao čador crkvu vojenu, i pošlje sav okrut, kao: antimis, putir i proče sve za božestvenu liturgiju potrebno. Tu smo služili i sve starešine na službu tu dolazili. – Karađorđe sa svima drugim koje sam imenovao ode na Požarevac da predaje i odvuče top. Ja ostanem na komandi.

Čuju Turci da je otišao Karađorđe i sve ostale starešine i da ih nema u logoru; izađu i naglo na nas udare i do Kamene ćuprije dotrče na Topčider, gde smo se mi jako utvrdili, i koje puškama, koje kartačom – jerbo nam je bio došao i drugi topić – dočekamo ih i mnogo ih pobijemo, a oni odnose, i više ih ranimo. Po dugom boju oni se vrate, a mi za njima na brdo. I kad vidimo da oni odista pobegoše, friško izvučemo topić onaj drugi (za koji je Luka ostao te doterao, a onaj prvi oterao je Karađorđe i Jakov na Požarevac), i Turke sve đuletima u leđa, a oni u trk pobegoše. U Savamali bejaše oko 50–60 turskih kuća i jedna džamija; a kad se Turci ne smedoše u one kuće ustaviti, no svi pobegoše i u Varoš-kapiju uđoše, onda ja i pop Luka s vojskom uđemo u one kuće, a veće je bio blizu mrak. Kad se smrkne lepo, a mi zapovedimo te sve popale, i vratimo se u logor za Topčider.

Turci u Požarevcu dadu Crnom Đorđu dosta konja, pušaka, sabalja, noževa u srebro okovanih, koje on na sve starešine sorazmerno podeli, a Milenku ostavi više od deset hiljada ovaca, koje su se u nahiji arnautske na hrani zastale, da Milenko, uzevši sebi tal, drugo po vojsci podeli. (To je bilo između 16. i 20. maja 1804.) Vrativši se oni s Požarevca, udare na Smederevo i izbace na grad nekoliko topića. Zaviču Turci i iziđu njemu na dogovor i reknu mu: »Beg-Đorđe, nemoj da se bijemo, no idi ti na Beograd, i što god s Beogradom uradiš, i mi ćemo onako pristati.« I tako ugovore da se Turci napolje iz grada ne miču, jer će od naše vojske pobijeni biti no da čekaju sudbinu Beograda. Kako se Požarevac preda i očisti od Turaka, Milenko Stojković dode s vojskom i načini šanac u Kumodraži; a četo-kaik stoji mu za Kajaburnom.

Dođe Karađorđe i druge poglavice, sa sjajnom od Turaka pljačkom, svak u svoj logor (u Topčideru). Sad već moj prvi nađeni liferant Stevan Živković ima 60 Čivuta u Zemunu, koji potajno viju fišeke i sve treći-četvrti dan noćom u adu po 7–8 buradi fišeka pretura; a mi po narodu pokupimo novaca i u trgovaca uzajmimo, i sve mu plaćamo. Sad je veće lakše bilo: sve su starešine u gomili, pak se staramo. Ali je Živković na sto trideset dobivao, i sebi kapital načinio, i koliko on donese, to mi na Vračaru za dan za dva bijući se potrošimo, pak opet: »donesi!« kao kradom, ali to sve Nemci znadu, ali kroz prste glede. Sve četiri dahije sede u gradu i

69

izlaze na boj s krdžalijama koje je Kučuk-Alija pod platu do-
veo. Mi smo imali plaćena prijatelja u Zemunu, i kako raz-
bere da će Turci sutra na nas udariti, on dođe prema nama u
ravan, kud no ima nasip Laudanove ćuprije, natrpa trske ili
slame, zapali veliki plamen – vidimo i već poznamo da će
Turci sutra izaći na boj, i bivamo spremni. A lako je dozna-
ti, jer zemunski trgovci i terdžoman svaki dan u Beograd
prelaze svojim poslovima, pak doznadu. Tako smo na Topči-
deru stajali, i nas nekoliko dogovaramo se.
    Budući da smo Nemca u početku molili da nas primi, pak
ne htede, treba da pošljemo i Rusa tražimo. On je naš jedi-
noverni i jedinokrovni, on će nama pomoći. U mesecu juliju
(1804) pređe nam i Petar Novaković Čardaklija, austrijski
ritmajstor, koga je žena bila u Budimu kod ruske princeze,
koja je bila za palatinom. Čardaklija bio je svoju ženu sa
Stojkovićem Atanasijem i Teodorom Filipovićem poslao u
Rosiju (mi nismo znali da je tamo njegova žena), i on nava-
li da se ide u Rosiju. Tako odrede mene, Čardakliju i Jovu
Protića iz Požarevca. Pređe i neki Gaja (Nikolajević) s Čar-
daklijom (koga ćete dosta pisama međ mojim hartijama na-
ći). Načinimo prošenija kako smo umeli, popišemo od svake
nahije gde gode ima kakvih zidina, razvalina ili gomila ka-
menja od crkve i manastira, i kažemo da su to sve Turci sad
porazoravali, da bi s otim Rusa na veći gnev podigli i ražali-
li da za tolike crkve osvetu učini.
    Mi kako smo došli na Vračar, odmah smo ono prošenije
koje smo pred generalom u Zemunu od dahija tražili, posla-
li preko Nemačke u Carigrad sa 9 punktova, a može biti da
je i Austrija pisala kako janičari neće da pristanu na mir. –
Stojeći i tukući se mi s Turcima po Vračaru, dođe nam od ve-
zira iz Bosne, Bećir-paše, u početku ili polovini julija mese-
ca (1804) buruntija; a tako isto i Turcima donese vezirov di-
vitar-aga: da obe strane od bojeva prestanu i da je njega
sultan odredio da dođe i Srbe i dahije pomiri. Tako i mi i
Turci od boja prestanemo. Prošenija (za Rosiju) stoje goto-
va, no za njih malo ljudi znade, jerbo mi krijući to sve radi-
mo i čekamo dok dođe Bećir-paša, da vidimo šta će biti, pak
u Rosiju da idemo.
    Vezir dođe blizu Drine. Pišemo mi i pitamo našeg prija-
telja Hadži Sali-bega u Srebrnici kako ćemo dočekati vezi-

ra i kolika mu je vojska. I to ćete Hadži-begovo pismo naći u mojim pismima, gde veli:»Kod vezira je, koje njegove tevabije, koje bega i spahija, 7.500. – Vi ćete na Drinu – veli – poslati nekoliko odabranih kmeta bez silaja (bez oružja) koji će ga dočekati; a vi ćete knezovi na Vračaru dočekati ga sa vojskom usulile, a i ja ću s njim u ordiji doći«, i pročaja. Mi od Mačve naredimo kmetove da ga na Drini dočekaju. U Šabac pošljemo kneza Milovana Grbovića sa 50 konjanika, a na Palež ode Jakov, knez Sima i Katić Janko sa 600 konjika.

Dođe vezir na konak na Bele vode u Žarkovo. Sutradan spremi se Karađorđe i mi svi s njime, oko 2.000 konjanika boljeg od boljega, sve sa oružjem. Konjici okolo stoje, a mi sa Karađorđem uđemo u čador veziru na razgovor. Katić tolmači. (Zaboravio sam kazati: onu noć, kad je vezir na konak na Bele vode došao, sva četiri dahije sednu u lađe i niz Dunav bez familije pobegnu. Može biti da je i vezir rekao da begaju.) Tu nam vezir zlatna brda obećava, no najposle Karađorđe reče:»Fala ti, čestiti paša, mi znamo da car nama zuluma ne čini i rad je, i tebe je poslao da nas umiriš. Ali dahije su noćas niz vodu pobegle, oni će u Vidinu vojsku pokupiti i opet na nas udariti, kao što su i za Hadži Musta-paše činili, dok ga veće i ubiše. Zato ti ukratko kažem da četiri dahije dokle gode nama u ruke ne dođu mrtvi ili živi, nikakva mira dotle nema, niti o miru govori! I zbogom!« – Vezir Bećir-paša uplaši se i reče:»Beg-Đorđe! otur! otur! i kaži mi koga imaš da pošljem u Adakale, a ja ću poslati na strica Redžepova da ih pobije.« – »Imam«, reče Karađorđe, »Milenka bimbašu.« – I tako vezir napiše buruntiju Redžepovu stricu da izda četiri dahije da ih Milenko bimbaša pobije i glave donese. Tako isto i Redžep-aga svome stricu piše: ako ne pobije Fočića Memeda, Mula-Jusufa, Kučuk-Aliju i Aganliju, da će on od Bećir-paše poginuti. (Dadu pisma bimbaši Milenku Stojkoviću, on uzme momke, sedne na četo-kaik, dođe u Adakale, pokaže pisma stricu Redžepovu, a četu je ostavio napolju. Redžepov stric vidi vezirovu buruntiju i Redžepovo pismo, i rekne:»Idi, pak dođi kad se smrkne.« Milenko dođe, on mu pokaže sobe gde su dahije. Milenko opkoli, Turci ugase sveće. Milenko zapali dosta krpa i baci unutra, zasvetli se, i oni spolja sve pobiju, glave odseku i u Beograd donesu.)

71

Kad vezir s konaka od Belih voda pođe, mi izvedemo našu vojsku vrtalj sata od kamene Careve ćuprije u polje, stavimo je oko puta u dve parade oko 12 fati udaleko, postavimo jedan top na jednom kraju, otkud vezir u parade ulazi, a drugi na kraju stražnjem od ćuprije. Kako vezir i vojska njegova među parade uđe, naši topovi počeše pucati jedan na jednom, a drugi na drugom kraju; u jadnih Bošnjaka i u vezira kapi krvi u obrazi nema, tako su se ustrašili. Prođu i odu u donji grad. Sutra rano moj stric, Katić, knez Sima, Grbović i više knezova odu u grad, odnesu onih 9 punktova koje smo u Zemunu od punomoćnika dahijskih zahtevali, a i kad smo na Vračar došli na portu poslali; tako knezovi i Bećir-paši pročitaju i kažu da se po ovome možemo umiriti itd. Bećir-paša odgovori: »Inšala, inšala, jošt će bolje biti, sve ćete dobiti.«

Dođu knezovi, i kako je običaj bio da i Karađorđe i druge starešine u valjevskoj vojsci kod crkve se (od šatora) skupljaju u hladu, tako se i sad pokupiše. Knezovi kazuju da je vezir prošenije odobrio i da je jošte bolje obećao da će on urediti. Zapitamo ih: »Kad je vezir sve obećao ispuniti, jeste li tražili da, ili on ili mi, zamolimo od Nemca jednog činovnika koji će na našem ugovoru biti, pak ako bi mi pokvarili ugovor, neka Nemci pišu u Stambol da smo mi krivi; ako li Turci pokvare i zulum počnu, da Nemac javi sultanu koja je strana kriva?« – Knezovi odgovore: »Bogme, to nismo iskali, a valjalo bi, no idi sutra pak išti!« – Ja sutra uzmem sa sobom Petra Novakovića. Odem najpre kod Hadži Sali-bega, jošte moga oca prijatelja, i kažem po redu zašto sam došao. Hadži Sali-beg veli: »To je dobro, to treba da ištete, i ako ne bude od komšije Nemca na ugovoru svedoka, sve će biti prazno.« – Pođe on s nama da nam tolmači. Dođemo veziru i kažemo da su knezovi došli i od njega obečanje njegovo kazali da će nas u dobar mir postaviti, i da će one naše punktove koje su knezovi juče kod njega predstavljali ispuniti, »i da ćeš, čestiti pašo, jošt bolje urediti nego što mi ištemo; kako to knezovi narodu kazaše, sva vojska uglas povika: da živi naš sultan Selim i naš vezir Bećir-paša!« To mu iskaza Hadži Sali-beg iz Srebrnice, a paši se nasmejaše obrazi, pogladi veliku belu bradu i reče: »Inšala, inšala, dasi japarum!« Pođem opet skutu i reknem: »Jošt i ovo te narod pozdravio: da na tu našu pogodbu i ugovor zovneš ili ti, ili mi da zovnemo jednoga od nemačkog dvora čoveka, da nam bude svedok ugovora, pa ako mi prestupimo, neka Nemci jave našemu caru da pošlje vojsku i neka sve Srbe iseče; ako li Turci zulum počnu činiti, kao što su činili, neka Nemci, kao naše najbliže komšije, jave našemu caru neka car pošlje svoga jednoga vezira i vojsku da nas odbrani.« Kad Hadži-beg istolmači, onda ti moj vezir zakrvavi očima, pa gromoglasno: »Olmaz, olmaz!« i još gromovitije po treći put: »Olmaz! – (ne može) – reče. – U našega cara zemlju ne sme se niko mešati; u našega cara dosta ima vernih Turaka koji će mu kazati ko bude kriv.« Pođemo skutu i odemo.

Dođem u logor, opet se iskupe starešine, i Karađorđe pita me: »E, kojekuda, šta si dobio?« – »Dobio sam tri velika olmaza«, odgovorim ja, »neće naša svedoka«, i po redu sve iskažem. – A Karadorđe, kad sve sasluša, reče: »Ene – de sad! Zar vi mislite tako da se umirite, pa kućama? Nema tu mira, odsad će da budu bojevi veliki. No ti spremaj pak idi kud si pošao!« (tj. u Rusiju). To je sve, čini mi se, bilo poslednjeg dana meseca julija 1804. leta.

Veće kako je vezir došao, stalno je svuda primirije. Idu naši ljudi u Beograd i Smederevo slobodno. Od naše nahije otpustimo četiri kumpanije da se kod kuća odmore mesec dana, pak da dođu da ove izmenu na Vračaru. Pođem ja i dođem kući u Brankovinu da se spremim za Rusiju, al' eto ti Damjana iz Kutešice k meni: »Hajde – veli – zaboga, eno Turaka na Drini i nije ih vrlo mnogo; izlaze te pljačkaju pak opet na Drinu, a mi sedimo na Siminu brdu. Tamo je Luka Grbović i Ćurčija, ali jedan drugoga ne sluša, a lako bi Turke (tj. Mue-agu) razbili.« – (Ovoga smo Damjana iz Kutešice ja i stric u početku slali u Crnu Goru vladici i grafu Iveliću u Risan, i molili, no Ivelić odgovara da je njegov gospodar, tj. Rus, s Turčinom u velikoj ljubavi, no upućuje nas u Carigrad da sultana molimo. I to ćete Ivelićevo pismo* naći u mojim hartijama, a vladičino je izgubljeno.)

Damjan jednako saleteo: »Hajde!« – Ja mu kažem da bez vojske neću ići. – »Hajde – veli – vojske ima dosta za ove Turke, samo staresine nema.« – Ja odmah pošljem za

---

* Ivelićevo pismo izgubljeno je. (Lj. P. N.)

one četiri kumpanije koje su na odmor otišle, i skupim, i blizu Dobrave dođemo, pak ćemo preko Varne na više, ali dotrča jedan Srbin na konju i kaže da dođoše Turci u Šabac, uđoše u grad, »i ja – veli – jedva utekoh.« Ja odredim dve kumpanije da čuvamo ćupriju na Dobravi kod Krnule, a dve da pošaljem na veliki od Šapca drum da i onu ćupriju kod Mrđenovaca čuvamo, i odatle pišem na mezul stricu na Vračar da su Turci u Šabac ušli. Naređujući ja vojsku na ćuprije, sat li dva li prođu, al' eto ti dvojice na konjima idu i kažu mi da se samo dva sata zadržavaše Turci u gradu, pak se opet natrag vratiše i odoše kroz Kitog. Ja sa ono četiri kumpanije krenem se preko Varne i dođem na Novo Selo kod Drine, dozovem i onu sa Simina brda vojsku, dobro se izvestim da je Mus-aga, koga smo u aprilu mesecu iz Šapca u Beograd saterali, preko Zemuna otišao u Bosnu, samovoljnike pokupio i uvrebao, kradom prošao ispod naše vojske, došao u Šabac, iskopao svoje novce, natovario i odmah pobegao u Bosnu; kažu da je imao sto oka dukata. Odneo sto oka dukata, u Šapcu na Bairu odsekao 70 glava, jerbo se niko nije nadao, i onda su posekli Radomira, oca Pavla Radomirovića. To je bilo 6. avgusta 1804. godine, licem na Preobraženije.

Zaboravio sam kazati: kako je došao Crni Đorđe sa Požarevca sa pročima – odmah Đorđe Ćurčija zovne: »Ko je ćurčinac, hajde za mnom!« Nakupi 10, 15 li beskućaca, udari u Grabovac valjevski, pohara jedan dućan robe nekoga Đorđa Madžara i odnese: i tako sve uzgred zulum je činio do Mačve; po Mačvi hoda i istražuje gde što tursko da nađe. Uzme u svoju ruku mitrovačku skelu, namesti svoga brata na skeli, skelarinu naplaćuje sebi. Mnogo puta bio je opominjat od Crnoga Đorđa i od sviju da se toga prođe i na Vračar u vojsku dođe; no badava, on veli: »Ja granicu čuvam, od skele novce za džebanu dajem.« A nigde se sa Turcima nije pobio. Ćurčija je bio iz Bosuta nemačkoga.

Kako sam ja sa Dobrave javio stricu da su Turci u Šabac došli i Jakov i knez Sima s vojskom pohitaju, i kad čuju da sam ja na Novom Selu, tamo dođu. Ja samo jedan dan da budem s njima, pak mi kažu da idem na Vračar, a oni drugi, treći li dan ubiju Ćurčiju i njegovo društvo.

Ja kad dođem na Vračar, iskam novaca od Janka, veli: »Nemam, išti od Crnoga Đorđa«, a on kaže: »Dok dođe Jakov i Sima.« – Svi vele: »Idi, šta čekaš?« a nijedan ne daje pare. No ja kad sam otišao do kuće da se spremim, poneo sam dvesta pedeset dukata svojih sopstvenih; ali to je malo za veliki put. Najposle pitam ja Čardakliju koliko najmanje za taj put može biti dosta, jerbo ja nisam nikud od Sarajeva dalje putovao. On veli: »Može 300 dukata.« – Kažem ja njemu da ja imam 250, a koliko on ima pa da idemo; a Jova Protić trgovac je, poneće za se što mu treba. – Čardaklija kaže: »Ja nemam više nego ovih 11 forinti i ovu pušku, no daj išti jošt ako dadu; ako li ne dadu, da idemo i sa to 250, pak dokle dođemo; Rusi popovima dobro dele, prosićemo.« Zarečemo se: baš da pođemo, pa makar ne došli više; ako gde i poginemo, dosta je braće i na Vračaru poginulo za svoj rod. Sad toga dana dotera Stevan Živković džebanu, i svi se sastanemo kod Crnog Đorđa, i opet o putu i trošku pomenemo. Gospodar Đorđe kaže: »Kojekuda, ja sam pri putu (čini mi se kući je polazio), no eto Jakova i Sime i Janka; neka vam dadu dve-tri hiljade groša, pak idite.« – Vidimo da je malo, ali – šta ćemo? – i to kabulimo. Sad sa Živkovićem ugovorimo u koji će dan poslati nam čamac i vozare, koje smo mu odavno naručili, da bude gotov kad zaištemo. Steva se obećava poslati nam. Jošte kaže: »I ja ću na drugom čamcu poterati nešto olova da prodam u Adakale, i tako ćemo kroz Đerdap zajedno proći.« – »Pomozi bože – rekosmo mi – to je jošt bolje, jer mi ionako nismo Đerdapu vešti.« Sad pišemo Milenku da on piše Jovi Protiću i koji će nas dan čekati u Ramu na Dunavu. Dođe urečeni dan za polazak, i dođe i čamac sa tri vozara. Kažem ja sad Jakovu da je došao čamac i zaištemo novaca, on mi kaže: »Idi Simi, neka on dade!« – Odem Simi. – »Idi Katiću, neka on dade!« – I tako sam išao svakome po dvaput, i baš nijedan ni grošića. Ja najposle dođem onako ljutit našem čadoru, zovnem popa Simu iz Brankovine, i malo za kuću naručim, pa onda uzmem prošenija, koja su odavno bila gotova, i reknem mom stricu Jakovu: »Zbogom ostaj!« – »Zar – veli – ode?« – »Odoh u ime boga.« – »A dadoše li ti novaca?« upita me dalje. – »Dadoše koliko i ti«, odgovorim ja. – On na to reče: »Stani malo!« i dade mi 50 dukata.

V

Ja zovnem Čardakliju i u dva sata noći 1. septembra meseca 1804. godine na Savi više Topčidera u čamac sednem i reknem:»Zbogom, zemljo i zavičaju, već u tebe jali doći, jali ne doći!« I tako vozari povezu živo. Pokraj Beograda prođemo i svu noć putujemo niz Dunav, a kad svanu, trebalo bi štogod jesti. Sad se nema šta, jerbo u hitnji ništa spremili nismo. Pođe i Gaja Nikolajević s nama, i sam ne znam zašto je pošao. Dođemo u Smederevo, gde izađemo i ja i Čardaklija, oba da što kupimo za jelo. Šta ćemo naći? – sira, hleba i grožđa. Kad sednemo opet u čamac, onda se setimo kako smo pametni: idemo u Rusiju, a izađosmo među Turke! Vidimo našu pamet; ali su Turci jošt luđi zašto nas ne pitaju kuda ćemo. Povičemo na vozare da brže voze da izmaknemo.

Tako niz Dunav putujemo do Rama. Sad ne znam ili onaj prvi ili drugi dan vozili smo se u zahožđeniju sunca pored Rama blizu kraja, dok eto iz kuće čovek siđe pobliže Dunava, zapita čiji je čamac. Vozar odgovori:»Naš je.« On kad nas dobro razgleda povika:»Goni čamac kraju.« Mi izađemo iz čamca i nazovemo dobro veče. On polako odgovori: »Bog vam dobro dao, i dobro došli, moji soputnici!« – Ja po tome poznam da je to Jova Protić i odgovorim:»Boljim došli, ako si ti onaj koga mi tražimo.« – Kaže:»Ja sam«, i poljubimo se. Ja mu kažem za Čardakliju da nam je to treći drug, i odemo potom u konak, gde se dobro na večeri počastimo i u zdravlje i za srećna puta i po dosta puti napijemo.

Jova Protić bio je sasvim spreman. Kažem mu koliko mi novaca imamo, no da on ponese što više može. On kaže:»Ja ću poneti 50 dukata.« No čini mi se poneo je više, no nama neće da kaže onda, valjda da se u putu bolje štedi. Noćimo tu (u Ramu), i ujutru, tek se rasviće, zovnu naš čovek na Dunav. Odemo ja i Protić, kad al' došao Steva Živković; dade nam jednoga živa šarana:»Najte tu ribu i što pre možete ugotovite i ponesite – reče; – ja odoh polako, a vi kad me stignete, pitajte se sa mnom kao s nepoznatim čovekom, da moji vozari ne poznadu da smo se ugovarali, a tako i vašim vozarima kažite« – i ode. Mi se vratimo u konak, i dok mi fruštukovasmo, dotle i šarana zgotoviše. U ime boga pođemo, sednemo na čamac, i kad se povezemo, reknem ja:»Ovako se navezao Kolumb' sa svojom družinom na sinje more da nađe Ameriku i upozna je sa Evropom; a mi se navozimo danas na tihi Dunav da nađemo Rusiju, za koju ništa ne znamo gde je, no samo što u pesni čuli da je ima, i da Srbiju upoznamo sa Rusijom!« Al' reče Jova Protić: »Počekaj, pobratime, počekaj dok na Đerdap dođeš, videćeš kako ti je tih Dunav!« – Voze naši vozari pobrzo, i ugledamo Živkovića na Dunavu i sustignemo – jerbo njegovi ne voze. Kad blizu budemo, pozdravimo jedni druge srećnim putem. Zapita nas Živković: »Ako bog da?« Kažemo da hoćemo u nemačku Oršavu. »Dakle, kaže, mi smo društvo, i ja nameravam u isto mesto.« Putujemo malo, dok Živković poče kao sam da ruča, pak onda reče: »Dajte čamac do čamca, pa zajedno da ručamo; ja imam dobra vina, kad vi imate ribe; a slađe se u društvu i ruča.« Tako sastavimo čamce jedan drugom ublizo i ručamo onako putujući i veseleći se. (Živković vozaše dva muzikanta u čamcu te mu sviraju.)

Pored Poreča prođemo noćom. Sad dođemo u ono selo gde uzimaju dumendžije gde su kroz Đerdap vešti lađe spustiti. – Kroz Đerdap ne smedu obične dunavske i savske dumendžije spustiti lađu, jerbo nisu vešti i mogli bi odmah lađu potopiti, no se iz onih sela dumendžije uzimaju koji su vešti Đerdapu, i govore da oni nikakva danka ne daju no samo gore i dole lađe propraćavaju. – Sad mi Živkovića zamolimo da kada sebi nađe dumendžiju, da i nama nađe. Živković reče: »Hoću, braćo! A što ne bih? To nije muke, a oni su to i dužni činiti.« – Sad dođu dumendžije i uzmu svaki svoj čamac, i putujemo nekoliko niz vodu. – Čuje se nešto gde huči! Pita mene moj pobratim Protić: »Čuješ li, pobratime, štogod?« – »Čujem nešto huči, a ne znam šta je.« – »Ono je – veli – glas tvoga tihoga Dunava.« – »Šta, pobratime jadan, zar Dunav i onaki glas ima?« – »Nije, nije – veli – već se ono guske lepršaju po Dunavu, i sad ćeš videti gde se bele.« Jošt nekoliko pođemo, a ono se nešto ukaza belo po vodi: »Eno, pobratime, gusaka!« – Tek to Jova izreče, a povika dumendžija: »Ko se plaši, nek u lađu legne.« – Ja i Gaja Nikolajević legosmo u lađu, a voda pljusnu preko nas. Dok povika dumendžija: »Ustajte, ko je legao!« – Ja ustanem i natrag pogledam, a ono se opet beli i reknem: »Ao, pobro, crnih tvojih gusaka, a gorega mog tihog Dunava!« i odemo dalje. – Kažu mi: kad je mala voda, onda skače preko kamenja, koje se mnogo iz vode vidi, i brzak pričinjava, te se bukovi bele.

Živković izađe povisoko i ode suvim u Oršavu, a mi dođemo vodom na skelu u Oršavu, al' eto ti Živkovića i jednog Srbina obrštera. Pitamo se mi opet sa Živkovićem kao s nepoznatim, iznosimo naše haljine, ali malo smo i imali. Pita nas obršter: »Popo, ako bog da vi?« Kažem da hoću u Veliku bugarsku Trnavu, kod vladike Danila, koji je bio u Šapcu, a ja njegov đakon ostao, pak sad Srbi su s Turcima u kavzi, zato hoću da idem kod mog vladike. – »Lepo, lepo – nastavi obršter – a zašto ne ideš preko Turske?« Kažem da ne smem od Turaka no hoću preko Vlaške. Pita Protića kuda će on. – Protić kaže: »Imao sam ortaka, pak pobegao u Vlašku i odneo mi račune.« – »Dobro, a vi, brate, kuda idete?« upita Čardakliju. – Čardaklija zanosi rekaliski: »Ja idem, gospodine, tražiti gdegod službu, a pisao mi je jedan prijatelj da u Jašu ima kod čovkova služba, zato tamo idem.« – »A odakle si?« – reče obršter. – »I ja sam iz Srbije«, odgovori mu Čardaklija. – »Da tamo ideš, to verujem; a da si iz Srbije, nije istina: tvoj jezik nije srpski!« – i reče: »Hajdete, hajdete da od mene ne nađete.«

Mi ono naše pokupimo i u kotromanac odemo. Tu nam Živković dotera jedan šaren intov vrlo lep, što je za nas kupio. Ujutru sednemo i na konak u Černec dođemo. Jedan dobar trgovac begeniše naš intov vrlo dobro i daje nam svoj polovan vrlo tvrd i jaki intov i daje 10 dukata pride, no mi ne damo, volimo da se mi vozimo na šarenu intovu. Pođemo; od Černeca pola sata odmaknemo, dok u naših lepih karuca jedan točak sa svima paocima slomi se, samo glavčina ostade! Eto ti nam sad veselja! Šta ćemo sad? Ko će da ide da moli onoga trgovca da sad trampimo? Sad je lakše nego kad je on hteo! Izvadim ja 10 dukata i pošljem Čardakliju natrag, i dade bog te onaj uze 10 dukata i naše karuce, a nama dade njegove koje su nas, gdešto s popravkom, do Petroburga dovezle. Dođemo u Kraljevo. Ja kažem da se ne mogu starati jelom i pivom i pročim da sve za njih i nabavljam i plaćam, nego ja ću davati dokle teče novaca, a drugi neka isplaćuje gde što treba. I tako opredelimo Protića Jovu da plaća i vodi račun, a kako nestane, ja izvadim te po 20 dukata dam mu, i opet tako.

Dođemo u Bukarest 14. septembra (1804. godine) na konak. Nađemo rosijskog konzula i javimo se tajno njemu kuda idemo; on nas sovetuje i kaže: »Ovim knjažestvom ništa

78

se ne bojte, no u Moldaviji gledajte da je što brže pređete.«
Donese nam isti konzul od vlabega Ipsilantija pasoš. ..
Pošljemo po konje u mezulanu; dođoše konji i pođemo.
Dođemo u Fokšan, gde se dele ova dva knjažestva; pređemo
preko potoka u moldovansku varoš. Trefimo baš u mehanu
koju drže dva Srbina, Petar Bijuklić iz Užica i Nikola Kara-
novčanin, koji se tu Moldovankom i oženio, oba naši ze-
mljaci. Mi smo mislili onde da ručamo pa odmah dalje da
idemo, zato odmah ručak i naručimo. Kad uđemo u sobu, ali
Petar Bijuklić skide kapu pak se sa mnom u obraz poljubi:
»Kako ste, oče proto, kako je Crni Đorđe i Jakov i sva naša
braća?« – Ja se uplaših gde me čovek poznade, pa reknem:
»Oprosti, brate, vi se u mene upoznajete; ja nisam prota, već
sam đakon. A što me pitaš za Jakova i Crnoga Đorđa, jesam
ih čuo, ali ih ne znam.« – A Bijuklić: »A zar ti mene ne po-
znaješ?« Kažem ja da ga nigda video nisam, niti ga pozna-
jem. – Sluša njegov ortak Nikola, pa kaže: »Prođi se, Petre,
čoveka, ti si se upoznao.« – »Nisam, Niko, nisam. Nego,
proto, zašto svoje ime kriješ? Nisi li ti sin pokojnoga kneza
Alekse iz Brankovine; nisi li ti onaj koji si u mojoj kući no-
ćio kad si odveo devojku iz Užica za tvoga kuma Joksu Pri-
jepoljca; i znaš li kakav ti dobar đogat beše? Ne krij se, ne
boj se, tvrda je vera, pre ću ja umreti nego vi. Ova dva bra-
ta ne znam, ali tebe poznajem, i sad znam kuda idete i šta no-
site, i ja ću se na vaša pisma potpisati, pa ako što vama bu-
de, neka i ja poginem: dosta naše braće i u Srbiji gine.« – Ja
jednako ćutim i odričem. Zovnu ga Nikola napolje i on iza-
đe. Onda Protić i Čardaklija reknu mi: »Ako ga poznaješ, za-
što se ne kažeš? Može se čovek razljutiti pak nam pakosti
učiniti.« – Kažem ja da je sve onako kao što on govori »i ja
njega dobro poznajem, ali bez vašeg dogovora neću da se ka-
žem.« – »Kaži se, vele oni, kaži.« Uđe opet Petar, ja ustanem
i zagrlim ga, pa se poljubimo, i svi se izljubimo, pitamo se i
dugo razgovaramo.

Dok mi ručasmo, dotle poslasmo Nikolu Karanovčanina
da nam pasoš potpiše i na pošti konje uzme. Nikola pasoš
potpiše, ali veli: nema konja na pošti, moraju sačekati. Uze
Protić pasoš pa s Nikolom opet na poštu, kad tamo puna šta-
la konja, a oni kažu da nema konja. To nije čist posao! (Va-
lja i to da znate da je Ipsilanti, vlaški beg, privrženik Rosiji,
a Muruz, moldavski, Turcima.) Uplašimo se mi, zašto bi oni

govorili da nema konja, a konja u štali puno i nama ih ne dadu. Opet ode Protić, on zna vlaški, ište konje, a oni kažu: nema konja sutra do podne. Mi se jošte većma zabrinemo. No Bijuklić reče: »Ne brinite se, ja ću to urediti.« Ode i nađe prosta kočijaša, poskupo ga pogodi, jošte mu toliko obreče: kad nas na prvu poštu odveze, da na pošti kaže da ga je post--majstor pogodio do prve pošte da nas odveze, jerbo u Fokšanu nije bilo konja. I tako ti mi duplo platimo i u dva sata noći pođemo iz Fokšana do prve pošte, pobrzo terajući. Dođemo od Fokšana na prvu poštu. Naš kočijaš kaže da ga je post-majstor pogodio donde i platio mu. Odatle uzmemo poštu i što brže od pošte na poštu teramo, dajući kočijašima dobre napojnice.

Dođemo pred mrak u Jaš i u konak general-konzula u avliju siđemo. Odemo njemu u sobu, malo postojimo i na njegova pitanja, kako je na Vračaru odgovorimo. Malo zatim zovnu general svoga slugu i zapita: »Zošadi gotovi?« – »Gotovi«, odgovori mu sluga. – »Gotov pašaport?« – »Gotov, vaše prevoshoditeljstvo«, odgovori mu opet sluga. – Zatim okrete se nama: »Jest u vas bumagi (hartija)?« –»Jest«, odgovorimo mi. – »Davajte.« Damo mu mi prošenija i on nam rekne; »Vi bumagi za granicom u karantinu Mogiljevlje budete polučit, sčastljiva doroga!« Mi mu kažemo da smo radi onde (u Jašu) prenoćiti i odmoriti se. Na to konzul: »Nelzja nočevat, nadobno što skorije bjegat za granicu, črez Dnjestr, i teper budete se zvat moldovanski kupci, rosiski podanici.« I tu nas je u svoj pasoš zapisao: moldovanski kupci, rosijski podanici.

Mi što brže od pošte do pošte teramo. Dođemo na Dnjestr prema Mogiljevu, a tamo stoji lađa; mi hoćemo naš intov u skelu da uvučemo, no jedan činovnik reče: »Pojdite vi, a koljasku potom budem prevesti.« Ostaše naša kola i bogažnja, a mi sami u čamcu pređemo u Mogiljev u karantin. Tek mi izlazimo iz čamca, a dotrča pet moldovanskih momaka na konjima onamo na obalu, viču i pitaju: »Gde su ovi ljudi čija je ovo koljaska, neka pređu da ih vidimo.« Ode jedan činovnik ruski i kaže im da su ovo podanici ruski a moldovanski kupci i tako se oni vrate. Posle onaj činovnik nama kaže da su za nama trčali da nas pohvataju, i da su nas sa one strane stigli, da bi nas vratili u Jaš, i bogzna šta bi od nas bilo. Zato je general-konzul od nas bumagi i uzeo, ako bi nas po-

hvatali, da se prošenija spasu, i zato nam nije dao u Jašu no-
ćiti no brže da begamo za granicu. Mi to veče uđemo kontro-
mancirati, a prekosutra naše bumage po kuriru dođu nam u
ruke.

Kad kontromanciramo, kažu nam da nas zove Konstan-
tin, brat Aleksandra cara ruskog. Izađemo iz kontromanca, i
tek što pođemo u Kamenec Podolski Konstantinu careviću, a
kola nam se polome. Činovnici nađu nam majstore, raskopa-
ju kola i poprave što je falilo. Natovarimo opet našu bogaž-
nju i dođemo u Kamenec Podolski. Veliki knez Konstantin
egzercira soldate na placu. Mi siđemo s kola, čekamo i gle-
damo kako egzercira a sve žestoko viče. Kad svrši, ode u so-
bu; pozvaše i nas svu trojicu, uđemo i poklonimo se. Knjaz
pita: »Ko vi i otkud?« Mi kažemo da smo iz Srbije i da ho-
ćemo u Petroburg do cara. »Jest u vas bumagi?« – »Jest«,
odgovorimo mi. – »Sčastljiva doroga, praščajte!« pa ode u
sobu, a mi niz basamake te u jedan bircauz, malo pojedemo
... pak onda preduzmemo put u Kijevo. Putujemo i dođemo
u Kijevo u jedan trakter, koji drži jedan zovomi ot Benković,
Srbin iz Banata. Siđemo s kola i vidimo da su nam karuce ra-
spale se i dalje ne mogu ići dok se ne oprave. Koliko se taj
ot Benković obradovao, i kad je čuo da srpski govorimo, nas
sve i po dva puta poljubio, i svojoj ženi (Poljakuši) kazuje:
»Ove su moji slatki, pravi i ljubezni zemljaci; i ona nas lju-
bezno pozdravlja prišestvijem i kaže da se ona vrlo raduje
što je njen muž svoje zemljake video itd.

Sad dâ nam dozvati majstore da nam kola opravljaju, ko-
ja za četiri dana jedva biše gotova. Sutradan pozove nas ki-
jevski gubernator, pita nas tko smo i kuda ćemo. Kažemo mi
tko smo i kuda hoćemo. On kaže: »A zašto ćete vi na Har-
kov, kad je vama preči put bio od Kamenc-Podolska?« Ka-
žemo mi da u Harkovu imamo jednog druga, koga bi radi sa
sobom uzeti. Gubernator nas prostrano pitao za Srbe i Tur-
ke, kako se bijemo, i mi mu sva ondašnja opstojateljstva i
srpska i turska raskažemo. On kaže: »Vaše djelo neodložno,
nužno što skorše jehat i praščajte.« – Dođemo u kvartir, ru-
čamo i prođemo po pijaci.

U Kijevu duva jednako vetar i nosi pesak u oči. Sutra
odemo u veliku kijevsku Lavru, gde se ne zna u što će se naj-
pre gledati; ili ću slušati anđelsko pjenije, ili ću gledati dve-
ri i ikone i veliko templo, koje se svo u srebru i zlatu blista,

i sam čovek ne zna gde se našao. Postojimo malo, i odande odemo u peštere. U jednoj pešterici nađemo gde se služi liturgija, samo jedan odgovara, a jedan starac sedi, velika mu brada kao sneg, pred njime knjiga koliko veliki triod i sve miče usnama i tajno govori, a u onoj knjizi sve sama imena, začalno pisme crveno; tako premeće i šapuće ona imena, ne znam kakva su, i baš ne htede na me da pogledi. Ja se vratim i tamo-amo po pešteri hodah, pa opet u kvartir. Ja Kijevo, pešteruku lavru i njene lepote iznutra i spolja ne mogu opisati. Trebalo bi da onde vrlo zadugo budem i opet ne bih mogao izraziti kakvo je. A što mi je u oči najmilije padalo to je što su oko sve crkve sve posadevata topovska đuleta od svake mere, i čini mi se toliko ih je da ih sva srpska kola ne bi ujedanput mogla poterati, jer ih je vrlo mnogo u redu, a u visinu ima fat sadenute sure. Velim mome društvu: »Da mi je dvadeseta čast samo od ove jedne vrste da ih na Vračar oteram, i ovih nekoliko topova, sada bih većma voleo nego sva zvona svete lavre da u Srbiju preselim.« Veli Protić: »Ako bog da, biće i nama tal od toga, kad su ona ovako blizu granice.«

Dođemo kod fon Benkovića opet u trakter, koji nas je vrlo lepo i ljubezno častio. Kola su već gotova bila, zovnemo našeg ljubeznog domaćina da nam trošak pokaže, no fon Benković kaže: »Svakom drugom naplaćujem na personu po rublju, a vama kao mojoj braći Srbima po pola rublje.« Naplatimo se i pođemo, a on jošt spremi nam hleba i jednu šunku. Oprostimo se i kako smo umeli zahvalimo mu na ljubeznom dočeku, sednemo u kola i reknemo »Zbogom!« a on nama po sto puta srećan put od boga zaprosi. Upravo siđemo na Dnjepr, gde je ćuprija sve od pola jela nekako uvezana i na vodi pliva. Kako s karucama na nju nastupimo, a ona pod nama poče tonuti i svi u kola naplaci u vodu oplivaše. Karuce idu a ona se za nama opet diže, i tako sve pod nama tone, a za nama se diže dok pređosmo; i tu smo se poplašili kad najpre poče da tone, dok već videsmo šta je.

Uzmemo put Harkova, no sve preko nekoga peska belog što je Dnjepr izneo. Tuda se polako putuje, jerbo kola u pesak upadaju do polak paoca. Čini mi se da taj peskoviti put traje nekoliko pošta, zaboravio sam. Kad izađosmo iz peska, onda smo brže putovali. Dođemo u Harkov i nađemo Čardaklinu ženu (koju je Čardaklija sa Stojkovićem i Filipovićem poslao, a mi nismo ništa znali) i siđemo kod nje na konak. Čuje za nas Atanasije Stojković i Teodor Filipović (oba Srbi i profesori u Harkovu, i dotrče čisto da nas vide). Grlimo se i ljubimo bolje nego da smo iz jedne familije; tu se oni ne mogu siti da napitaju, niti pak mi da im dosta nakazujemo kako je po Srbiji i po Sremu. Sedeći i razgovarajući se i večera prispe, gde zajedno večeramo i razgovaramo se. Teodor Filipović tiho se razgovara i umereno, Atanasije Stojković dosta vatreno. Pošto odu oni na svoje kvartire, zapita Čardaklija mene i Protića Jovu: »Od ova dva čoveka koga bi voleli da sa sobom povedemo?« Ja mu kažem da bi ovog manjeg voleo, »jerbo mi se onaj veći sasma vatren i plahovit dopada.« Prihvati reč Protić i reče: »Ako onoga većega (tj. Stojkovića) povedemo, ni na po puta bez kavge nećemo moći otići, i najposle uzeće nam i kola, pa se on voziti a mi ići peške.« I tako svi reknemo Teodora da povedemo.

Sutra dođu oni opet k nama. Kažemo mi da smo udarili na Harkov i doneli amanet i pozdravlje od naroda srpskoga da Teodor Filipović s nama u Petroburg ide, da nam bude tolmač i pisar. Sad rekne Stojković; da Teodor ne može s nama poći jer je u službi profesorskoj itd., no mi reknemo Teodoru da se on od sodružestva kako zna ište, pak da idemo. Teodor kad ode, predstavi sodružestvu u univerzitetu i kaže sve kako je; oni mu nimalo ne odobre. Kroz to svi čuju ko smo i kuda idemo. Posle podne dođu nama opet Stojković i Filipović i sa njima jedan trbušast profesor Francuz; žestoko se razgovara i reče: »A kuda ste vi, jadni, pošli? U Petroburg, je li? Zar će vam moći Rusija što pomoći? Gde je Petroburg, gde li ste vi! U Franciju, u Franciju idite, ako ste radi pomoći dobiti, koja vam je bliža, a i kadra je pomoći svakoga koji od nasilija strada!« Pak lupne čizmom o patos. »Haj, haj, da hoćete samo poći, sad bih vas ja sobom u Pariz vodio, pak da vidite dobre i brze pomoći, a od Rusa se nikad nadati nemojte.« Kažem mu ja da smo mi s Rusima jednog veroispovedanija i da nas ta nadežda ovamo vuče. »Da, da. – poviče Francuz – to su popovi naređivali za svoj interes, a ne gledaju narodnu sreću«, i proče i proče. – Kažem ja da mi ne tražimo nikakve ni od koga pomoći, no samo da nas s našim poglavarima Turcima pomiri s kojima se bijemo, koji cara svoga ne slušaju, a mi nismo sa sultanom u kavzi, no smo na zulum ustali, a svome smo caru pokorni i pročaja.

Sad Stojković i Francuz odoše, a Filipović kod nas ostade. Pitam ga ja: »Kako sme taj prokleti Francuz tako da govori?« A Filipović manu glavom pa kaže: »Francuz ostaje svuda Francuz.« – Zatim povedemo opet razgovor o njegovom polasku, i on reče: »Da je bog dao da najmanje pismo imate od poglavara s Vračara na mene, mogao bih se onda iščupati, a ovako mi ne dadu.« Sad ja pokažem kako sam na Vračaru, kako sam nosio mur moga strica Jakova, i u hitnji, kad sam pošao, zaboravio ostaviti, no u džepu odneo i evo ga. Sad Teodor pun radosti reče: »Dobro će biti«, pak on napisa pismo ovako: »Pozdravlje tebi, brate Todore, od mene Crnoga Đorđa i od Jakova tvoga ujaka i od sve sirotinje. Znaš li, brate, kada smo se sastali u Dubokom u zbegu, i kad smo te zakleli da ideš u Rusiju i da naučiš rosiski jezik, i da ćemo mi poslati naše ljude tamo, pak da ti s njima ideš da im budeš tolmač i pisar? Eto ih sada šiljemo. Kako te nađu, taj čas sa njima idi kuda te oni pozovu a oni imadu nastavlenije. I ako nas prevariš te s njima ne odeš, više nisi naš rod; a bićeš proklet od sviju Srba i od sve sirotinje ako nas ne poslušaš kao što si rekao kad smo te poslali. . .« Sad ja ovo njegovo pismo mojom rukom prepišem i onim stričevim pečatom zapečatim i, aki bi na Vračaru bilo pisato, s datumom avgusta poslednjih dana potpišem i adresiram: »Na Teodora Filipovića u Moskovsku, gde se nađe«; a mur onaj o kamen istrem, pa putujući u Moskvu, bacim ga u jednu baru da se ne nađe više.

Odmah Teodor uzme ono pismo i od svega sodružestva skupštinu učini. Da im ono pismo te pročitaju, pa onda rekne: »Gospodo moja! Da od vas koga narod njegov strada i da vas sebi u kakvu nibud pomoć zove, bi li vi koji odbacio narodni poziv ili bi poslušali glas naroda svoga?« Svi su drugi ćutali, a onaj nemirni trbušati Francuz skoči sa stolice i rekne: »Da moja nacija tako strada, pa da mene sebi na žertvu zove, ja ne samo da sam profesor u Harkovu, no da sam imperator u Petroburgu, ja bih prestol carski ostavio, a mojoj naciji otišao, pa ili joj što pomogao ili ne pomogao, sa njima bih sve podnosio.« Onda Teodor Filipović rekne: »Ja sam Srbin, gospodo, i ja znam ljubiti srpsku naciju kao i Francuzi i drugi rodoljupci; dakle idem da s rodom delim sreću i nesreću!« A Francuz poviče: »Pravo, pravo, g. Filipović!« Reknu i drugi, no opet mu kažu: »Opomeni se, kako ćeš u

Petroburgu direktoru odgovarati.« – »Kako mi god bog da-
de, a vi praščajte!« – Zatim dođe Teodor k nama i počnemo
se spremati. No Teodora mlađi brat Mijailo (Grujević) nema
kod koga da ostane u Harkovu, a i troška svoga nemaju, na
karuce unutra ne može da stane; i tako načinimo mu mesto
ostragu kola, mesto sanduka, i tako Mijailo, kad stojeći, kad
pomalo sedeći, do u Petroburg dođe. Pođemo iz Harkova.
Putujemo; vrlo jaka zima beše.

VI

Dođemo u davno čuvenu i poželanu slavnu Moskvu, gde
se odmorimo jedan dan i prođemo se da je bar koliko-toliko
vidimo, srca i oči nasladimo. No čovek u tolikoj prostranoj
varoši, a nikada dosad toliko u gomili kuća ne videvši, šta
će pređe da vidi i da mu se načudi: drevnocarstvujuštemu
Kremlju, crkvama, ili divnim dvorovima i lavkama? Treba-
lo bi da se dete onde rodi i odraste, pa tek u starost o Mo-
skvi štogod da kazuje, a ne kao ja, u planini počti odrastao,
pa kao čovek iz jedne pomrčene sobe iziđe te u beli svet ili
u sneg pogledi, pak mu se odmah i vid zanese, dok malo oči
protre. A i nijedan mi drugi predmet u oči ili srce stati nije
mogao, jerbo ga je predmet Vračar, Srbija i otečestvo i sva
čustva potpunila. Tu čujemo da je Prozorovski blizu Mo-
skve, a i on je jedan od rosijskih magnata, te ti ja i Teodor Fi-
lipović (koji se kod nas Boža Grujević zvao; to mu je ime
dao mitropolit karlovački Stratimirović kad je Božo iz Petro-
burga nama u Srbiju pošao, da (ga) ne bi počem Avstrijanci
poiskali kao svog podanika) sednemo na kola te otiđemo nje-
govu dvorcu. Tamo noćimo i rano ujutru u njegov dvor, gde
nas gospođa uvede u jednu toplu sobu i kaže: »Gospodin jo-
šte ima posla u drugoj sobi.« Sedeći mi na stolici, a i ona na
astalu u samovaru čaj kuva i daje nam te pijemo, a ona jed-
nako, kako popijemo, opet nasluži; po tri li, po četiri li popi-
smo, a milostiva gospa opet nasluži. Kažem ja Teodoru da ja
više ne mogu piti, on mi kaže: »Popij tu pak izvrni šolju«; i
tako učinim, i ona, dade bog, već prestade. Kaže Teodor:
»Taki je adet: dokle god ne izvratiš šolje, sve oni doslužuju.«
Tome smo se posle i smejali, a i malo bar pameti i običaju
naučili. Uto izađe Prozorovski, s nama se pozdravi, sede i pi-

ta nas: otkuda smo i kto smo, i dlja čega smo njemu došli? – Kažemo: da smo Srbi i od Beograda s Vračara došli, i zašto s prošenijem i polnomoščijem idemo u Petroburg, imperatora za obranu i pomoć moliti, pak smo čuli za njega, i toliko s puta svratili moliti ga da i on od svoje strane, po svom kod dvora uvaženiju, preporuči nas i sovetuje kako ćemo se u ovakom opstojateljstvu vladati. On izvestivši se o svemu, i srpskom vostaniju protiv Turaka, i našemu ondašnjemu položeniju, opomene veličinu Turaka u Evropi, a malinu Srba, koji su se tako osmelili u nevreme vozbuditi, sožaljuje i rekne:»Izvinite, baćuška, teper ja u ostavki! No pri svem tom ja ću na moje prijatelje pisati i koliko mogu vas preporučiti, a vi pođite do gosudarja. Sčastljiva doroga, praščajte!«

Dođemo opet k našemu društvu (čini mi se preko 70 vrsta putujući) u Moskvu. Sutra poranimo preko velike Moskve, dok veće i svanu. Govore da je Moskva 15 ruskih vrsta dugačka, tj. 3 sata. Putujemo na pošti, dok dođemo u varoš zovomu Klin na konak. Vas dan nas je gonio vetar i ponešto padao sneg. Sve se bojimo da nam sneg ne ukvari karucama put. Siđemo u jedan bircauz, soba hladna, a mi ozebli, jerbo nijedan nemamo na sebi ništa ni kozom a toli lisicom ili samurom postavljeno. Ja kako sam letos po Vračaru lake vojene haljine nosio, a nisam se ni naučio daleko putovati, tako i pošao; a Čardaklija i Boža u nemačkim, krome Jova Protić što ima jednu kao tursku bundu, kojom danjom u karuca sva četiri noge zamotavamo, a Mijailo Grujević, Božin brat mlađi, ostragu na mestu sanduka u svakoj pogodi napolju, i sam ne znam kako se može održati od Harkova do Petroburga. Sad birtaš naloži u furunu i zapali sveću, i u sobi ništa drugo do sveće. Ugreja se nešto furuna, i mi se ogrejemo i počnemo večerati, ali što se tanje može i jevtinije, i gotovo smo postali svi kao pustinjici i pravi posnici, zašto je gotovo nestalo novaca. Na večeri setim se ja da je sutra Sv. apostol Luka:»Haj, haj, da sam ja sad u Srbiji, ja bih večeras kod moga pašanca Molera bio i u zdravlje, ako hoćeš i okama, vina izobila pio; i znam da će oni u naše zdravlje piti, no dajte vako ozebli po jedan satljik i mi da popijemo u zdravlje i njino i naše.« Veli Čardaklija:»Prođi se, čoveče, vina. Vidiš da kažeš da je novaca gotovo nestalo; a znaš kud si se zaneo i gde si.« Povika Jova Protić:»Gde smo da smo, daj donesite! Baš hoćemo po jedan popiti, a u zdravlje naših

Srba u Srbiji, makar ja moju bundu prodavao da se do Petroburga dovezemo, a onde ćemo kazati da nemamo novaca, pa ako im din podnosi, neka u njihovoj kući pomremo od gladi.« (No ja znam da je i Jovo imao novaca svojih, pa nije hoteo ni pokazivati ni trošiti; no valjda je mislio da su u mene opštinski novci i da mi je dao g. Georgije na put; a kada mu je i Čardaklija dokazao da niko meni na put ništa dao nije krome stric moj Jakov 50 dukata, a drugo su moji sopstveni, onda je verovô, ali je opet čeko da ja sve i na svih pet potrošim, pa kad bi baš nestalo, i on bi svoj morô trošiti.) Donesu nam po sajtlik vina, te ti mi sve u zdravlje verhovnog vožda komandanta i sviju Srbalja, a sve svaki iz svoga sajtlika! (Ali kakvo jadno vino! Crveno, istina, ali na dno pala kao neka sreš; i na dnu po 2–3 dramajlije; kad ti hoće da donese, a birtaš uzmućka, te se zacrveni, a od vinskoga ocećanja ništa nema.)

Preberemo sofru, ode Protić sa svojom bundom u karuce i leže, Teodor i Čardaklija po klupama, a ja prostrevši nešto ćilimčića baš pokraj furunskih vrata. Birtaš naslaga brezovih drva punu furunu, pak zatvori i reče:»Nemojte otvarati dok sva drva ne izgore i ugljen se učini: ubiće u glavu.« Tako ležeći svaki na svom mestu, dok, valjda sam ja najvećma ozebao, probudim se i otvorim furunu i opet zaspim a ne zatvorim. Treba znati da se ove furune iznutra iz sobe lože, otvaraju i zatvaraju. No drva ne izgorevši kako valja, udari ona sila po sobi, te ti onaj ćumur udari u glavu moga Čardakliju i Teodora, a oni s klupa pospadaju na zemlju kao pijani i malo živi, i jedva se sete oda šta je te s velikom mukom izvaljaju se napolje, pak sedi u sneg i premeštaj se s mesta pak na drugo, dok malo k sebi dođu i sneg jedva naniže dim izvuče. Dođe meni Jova Protić i viče:»Ej, pobratime, jesi li živ? Ova dva hoće da pomru.« Izađem napolje, imam šta i viditi: oba sede u snegu, našarali svu avliju premeštajući se, više nego dva jata prepelica. Zapitam:»Šta je to, braćo, ako boga znate?« – A oni:»Ta ne brate, nego dušmanu, zašto nas noćas pobi? Hodi sedi u sneg pa ćeš videti šta je.« – Ja se izgovaram da »ako sam otvorio furunu, ja sam baš na vratima spavao, pa opet sam fala bogu zdrav.« – A oni opet:»Ta hodi ti sedi ovde u sneg, pak onda reci da nisi kriv«, i proče. Meni se dade na smej; a pomože mi u smeju i Protić, dok već i oni šalu našu okabuliše i malo zatim ustaše te pođemo svojim putem i mnogo smo se putem tome smejali, i čini mi se da sam se onda prvi put nasmejao otkako smo Dunav prešli, a i sad, pisajući ovo, ne mogu da se od smeja uzdržim kad pomislim na njihova po snegu ležišta. Zato sam i upamtio da smo u Klinu bili uoči svetoga evangelista Luke (tj. 18. oktobra 1804. godine).

I odemo dalje, i veće poizdaljega ugledamo visoke zvonare Sveto-Petrova grada, u kom znamo da je car kome smo pošli. Tek nastupimo u sokak pervi, gde se kola, saonice i proče različite drvene stvari opravljaju i iznova grade, ali jedan na konju u crvenu kaputu reče našem kočijašu: »Stoj!« – i stade. On zaviri u naše karuce i zapita tko smo. Mi kažemo da smo ruski podanici i moldovanski kupci (jerbo smo pod takim imenom od Jaša donde doputovali, kako nam je general-konzul rekao i u pasoš zapisao). Onaj: »Horošo!« po ruski reče našem kočijašu: »Pojdi za mnoju.« A on pred nama, a mi za njim, do u traktir zovomi »Novi Pariz« blizo dvorca. Uveče jošte dođe nam jedan oficir, ne znam kako mu je ime, pozdravi nas srećnim prišestvijem, sedne, i on raspita tko smo i imamo li pašport. Mi mu ga pokažemo, i on ga uzme sa sobom, po pročitanju, i reče: »Mi za vas imamo preporuku od general-konzula iz Jaša, i odavno vas pogledamo. Budite spokojni i odmorite se, a svagda se i svakom pod ovim imenom moldovanski kupci kazujte. A mnogo danjom i ne hodajte u tizim haljinama, da ne padnete kome u podozrenije: ovde različitih ljudi ima koji na svakoga motre, ispituju i primečavaju, a osobito kao na strane ljude. A kad bude vreme, vas će pozvati gde trebate; a vama će ovaj kozjain (domaćin) u svačemu na ruku činiti.« I otide i pašport odnese. To je bilo baš licem na Svjatago Dimitriju mirotočivoga, tj. oktobra 26. dne 1804. goda uveče.

Veće nam birtaš počeo davati ručak i večeru. No Teodor i Čardaklija katkad u nemačkim haljinama i u trakter odu, a ja i Protić Jovo u turskim haljinama sve u našem kvartiru donešena jela jedemo. Sutra predanimo. Dođe opet jedan činovnik oko jedan sat noći, i kaže: »Uzmite vaše bumaški i pođite za mnoju.« Mi uzmemo prošenije i polnomoščije sa sobom i pođemo za onim činovnikom ne vrlo daleko u jedan dvorac. Prođemo dve sobe i u treću, gde nas dočeka minister inostranih dela Čartoriski. Poklonimo mu se i pozdravimo kako smo umeli; i on nas pozdravi srećnim prišestvijem i posadi sva četiri na stolice, a on sam sede na kanape. Ja – kao što me društvo odredilo, s ono malo bradice, a zar i stoga što sam se baš u Srbiji rodio i ponajbolje početak srpskog vostanija a i sadašnja opstojateljstva znam – ustanem i ona na cara naša prošenija izručim i sednem.

Minister prošenije primi, vidi da je na imperatora i reče: »Horošo, ja ću doložiti gosudarju.« Pita nas najpre za imena i gde se koji rodio; kažemo: da sam ja u Srbiji i valjevskoj nahiji, u Brankovini selu; Protić u Požarevcu; Teodor u Cesariji, u Rumi; Čardaklija, zaboravio sam gde za se kaza, negde čini mi se oko Arnautluka, i da je bio u Cesarskoj ritmajster, da »kako se Srbija pobunila protiv Turaka, odmah sam prešao u Srbiju.« – »Horošo, horošo, nam uže izvjestno čto Serbi vostali protiv Turok. A kak teper vaš vožd Georgi Cerni i proči vojvodi, zdravi li?« – Mi: »Slava bogu, zdravi i klanjajut sja vašemu visoko-prevoshoditeljstvu i imperatoru. S upovanijem na jedinovjernuju Rosiju, i lučšemu nadjejut sja i izbavlenije od Turakov.« – »Horošo; no Serbija ot Rosiji očen daleko, a mi s Turkami prijatelji.« On potom: »Turki v Belgradje u tverdinji?« – »U tverdinji, vaše prevoshoditeljstvo.« – »A skolko ih tam jeste?« – »Mi dumajemo čto jest šesnadcat tisjač, i bolše budet, a i teper bosanski vezir privel iz Bosni 7.600« (bosanski vezir doveo je 7.600, kako svedoči Hadži-begovo pismo). – »Jest li v Serbiji i bolše tverdinjah i skolko v nih Turak dumajete?« – Mi: »Jest tverdinja Smederevo, hiljada pet stotina; Šabac dve tisjašči; Sokol hiljada pet stotina; Užice 4.500 – toliko dumajemo.« – On: »Jest tam bolših pušek?« – Mi: »Jest dovoljno.« – »A Serbov kolko?« – Pjatnadesjat tisjašč, čto teper vooružalo sja, a kogda svi vostanut, to i bolše sedamdesjat tisjašč budet.« – »A dlja čego bosanski vezir prevel tolko tisjašči?« – Mi: »On od sultana poslat čto bi nas pomiril s beligradskimi i pročimi Turkami.« – On: »Jest li kakov mir zdjelal?« – Mi: »On zdjelal tolko čto bi četiri dahije Fočić Memed, Kučuk Alija, Mula Jusuf i Aganlija na lodkam pobjegli niz Donaj; za kotorima naš vožd poslal vojvodu Milenka v Adakale, pogubil vsja četiri.« – »Pročim Turkom vizir čto zdjelal?« – »On pročim Turkom vsja oprostil; a nam obje−ščal sva naša prošenija, u devjat punktov predložena mu, točno ispolnit, i od sultana na to potverždenije ishodatajsvovat i hatišerif. Mi blagodarili vezirju za takvo obje−ščanje i molili jego da bi on

(vezir) iskal jedinago činovnika, il' mi da ištemo ot austrij-
skoga dvora, kotori bi svedokom bio na pogodbi našoj, da
ako bi mi rebeliju učinili, ili Turki nam po pervomu svojemu
običaju zulumi počeli djelat, to da avstrijski dvor, najbliži
sosjed, samago sultana točno izvjestit. Vezir skazal, i to
gromko i jarostno: nemožno jeto bit, nijedan kralj u našega
cara zemlju mješati sja ne budet; jest – skazal – u našego sul-
tana vjernih musloman kotori jemu pravdu skažut, kogda i
čto v Serbiji vosposljedujet. Potom mi uznali čto Turki bjel-
gradski i vezir hoščut nas obmanut, tolko čte bi mi oružje po-
ložili.« – On: »Pravda, eto ja budu vaše prošenije doložit go-
sudarju imperatoru; a vam želaju spokojno spit, i praščajte.«
– Ode i mi odemo.

Posle nekoliko dana opet nas u isti dvorac zovnu, te na
njihovo pitanje počnemo od nemačkog rata kazivati: kako su
naši očevi u frajkoru vojevali i pizmu od Turaka primili; ka-
ko su naši knezovi i zašto našu vojsku Hadži Musta-paši u
pomoć protiv Pasmandžije vidinskog i dahija vodili; kako su
dahije Beograd osvojili i Hadži Musta-pašu ubili. Ovo sam
ja kazivao kako je meni moj otac kazivao, od gornjeg kraja
Serbije i oko Beograda, Jovo Protić pak od donjega kraja Po-
žarevca i do Vidina; jerbo Čardaklija je tek skoro pred naš
pohod iz Cesarije prešao, a Teodor Filipović (Boža) u Srbiju
ni dolazio nije zato im opstojateljstva poznata bila nisu.

(Ovde, deco, nemojte mi zameriti što ja ne pišem imena,
budući da smo onda kradom i s velikom opasnostiju prolazi-
li kroz tuđe zemlje i ništa zapisato nismo nositi smeli od po-
litičeskih dela i imena, no samo što nam je govoreno u pa-
meti smo nosili i kao kupci svuda se pokazivali; a sad sam
već od onda do sad svašta pretrpljavajući poboravio, i malo
ćete imena zapisatih naći, i to neka iz politike nezapisata, a
neka i iz zaboravljenja, no delo, ako ne i opširno, to ćete baš
onako naći kako je bivalo.)

Po svemu gornjemu razgovoru zapita ministar Čartoriski:
»A jeste li prosili u austrijskog dvora u vašega najbližega su-
sjeda, pomošči?« – Ja kažem: »Mi jošte pervih dana, u me-
secu martu, dali prošenije s najtvrđim upovanijem da će oni
nam dati vojsku, oružje i proče vojne potrebe, i da će nas ko-
nečno osloboditi ispod iga tureckago, ibo su naši preci u sva-
kom slučaju prevrženi i vjerni bili dvoru austrijskomu, a
osobito u ratu s Turcima Josifu cesaru (kako mi je otac kazi-

90

vao) 18.000 frajkora od Srbije pod komandom Mihaljevića 3 godine protiv Turčina vojevalo, i to smo bar iskali (mi smo, istina, iskali u prošeniju pervom bar 18.000 frajkora da nam za ono dadu). No oni su nam pismeno na naša prošenija odgovarili: da su oni s otomanskoju portoju u velikom prijateljstvu, i da oni nama ni vojske, ni oficira, ni oružja dati ne mogu; i da bi sa Portom prijateljski i mirni traktat kroz to narušili; premda opet vladjejušči kroz prste gledali su, a tergovci nam za dengi potrebnaja dajut.« – Minister: »Pravda, jeto kak hristijanin! Pravda, čto bi narušil (traktat); a tak i Rosija teper s portoju očen prijatelji! Jest pismenoj u vas ot Austriji odgovor?« – »Jest, tokmo v Srbiji ostal.« – »Horošo, nadobno hranit odgovor takoj.« – Ja: »Tokmo među pročim odgovorom to jedno govorjat, čto se budu postarat pozvat nas i Turki dlja pomirenija, za jeto i prišel varadinski komandirender Đenej i pozval u Zemun do 15 Turak belogradskih i našego vožda Georgija Cernago; Janko Katić i ja tamo s nim bili. General posredstvom svojim pomeždu nas i Turok ničego ne uspjel, ibo Turki ne pristali na naši punkti kotori mi predložili.«

(Sad, deco, o onom odgovoru nemačkom na moje prošenije, koje sam pisô u Zabrežju i poslao preko dobroga obrštera Lajtnera, pervih dana meseca marta, hoću malo i prostranije kazati. U njemu smo sve iskali, a i da nas sasvim oslobodi ispod iga turskoga i proče. I kako meni i mom stricu Jakovu u istom mesecu martu dođe odgovor sasvim protiv naše želje da nam ni u čem pomoći neće, jerbo bi svoj prijateljski s portom traktat pokvarili, samo da će nas i Turke pozvati da pomire – vidimo da je od mira slaba nadežda, počnemo se razgovarati o Rusiji, premda nam austrijski car kroz prste gledi, a liferanti za novce svašta dodaju. – Ja sam onaj pismeni odgovor sačuvao, i kad smo, 1805. leto, srpski Sovet ustanovili, najpre u manastiru Voljavči, nahiji rudničkoj, a posle premestili zbog nedostatka hrane nama i konjma u manastir Bogovađu u valjevskoj, pa kad smo uzeli Smederevo, premestimo u Smederevo, a posle u Beograd – ja onaj odgovor austrijski da nam pomoći ne mogu ostavim u našemu Sovetu, u arhivi da se hrani, ako bi nas Nemci kadgod prekorili zašto smo mi ostavili njih kao prve i bližnje komšije, a otišli tražiti Rusiju za pokrovitelja, da im smelo možemo kazati da su oni nas ostavili a ne mi njih, i da vide naša

91

u martu prošenija i njihov odgovor u istom mesecu 1804. godine; kao što su mene neki velikaši u Ćesariji, kad smo prebegli 1813. godine, i koreli, no sam se ja tizim izgovarao, koje i nije lažno, i oni sve to sami znadu da čovek kad se davi makar za što hvata se, makar je bez nadežde, a koliko bolje drži se gde tvrdu nadeždu ima, kao mi na Rusiju – i koliko sam žalio za onim pismom kad mi je trebalo da ga pokažem samo, no nisam ni znao gde je. Mislio sam da je u Sovetu izgorelo, ili da ga je moj stric Jakov, koje mi je kazivao, zakopao u Beogradu sa pročim važnim pismima koje se naše politike tiču. No po nekom vremenu, kad g. Miloš opet umiri ovo zemlje, pređe i Grujević Mijailo (Mijailo koji je pri padeniju Srbije 1813. godine u našemu Sovetu sekretar bio) i počnemo se o onom austrijskom odgovoru i o pročim važnim pismima razgovarati, koja se tiču naših ondašnjih opstojateljstva i koje s kime prepiski. Onda mi on kaže da se onaj prvi odgovor austrijski desio među njegovim pročim pismima, i kad je on iz Beograda pobegao i u selu Adi kod Dunava sedeo, da su došli Nemci i sva njegova pisma odneli i pregledali i sve opet mu vratili, samo su onaj odgovor zadržali koji su u martu mesecu Srbiji dali.)

Iz Peterburga 14. dekembra 1804. pođemo ja i Protić Jovo. Istoga dana Vasilije Karamzin donese mi ovo malo u kadifi evangelije, koje iznutra svojom rukom na korica napisao ovako: »Високопочтеному господину протоіерею Матвею Ненандовичу вь знакь искренняго своего почитанія и доброжелательства, ему и ближнимь его, В. К. 1804. год. Декемвра 14. дне Еванг. Мат. глава 10. стихъ втори. Еванг. отъ Іоана глава стих М: и МД.«

Ovo sam evangelije ja doneo, i kad smo 1805. Sovet ustrojili, ja sam ga bio poklonio Sovetu srpskom i oko toga smo sovetnike skupljali, i bilo je u Sovetu do 1813. Kad smo u Srem prešli, ne znam ko ga je preneo, no posle 1816. godine opet meni dođe u ruke ovako razrušeno. Zato ga veće nikuda ne dam iz naše kuće, i vi ga čuvajte, ako je ovako razrušeno, neka se znade da je ono trpelo stradanije. Doneo sam onda i ono veliko okovano evangelije u našu brankovičku crkvu, a u vreljansku malo pomanje.

Taj dan 14. dekembra pođemo iz Peterburga (a na tri dana pređe dali su nam Rusi po 300 dukata) preko Varšave,

Galicije u Mađarsku; dođemo u Tokaj januara 5. uoči Bogo-
javlenija 1805. godine; preko Debrecina u Arad. Tu se malo
sa Savom Tekelijom porazgovarah. U mene je bio kožuh ru-
ski do zemlje, rukavi do prsta, štrankom opasan, kapa na gla-
vi ruska, zimna, crna, čizme mačkom postavljene. Dođem
Tekeliji na vrata; ne puštaju me u sobu. Zamolim za kratak
razgovor s gospodinom; kažu mu kakav mundir imam. Re-
kne, uđoh, skinem kapu; vidi golem perčin, a malu bradu
(jerbo je bila mlada). Tekelija: »Molim, tko ste i odakle?« –
»Ja sam Srbin iz Srbije.« – Odmah dunu, ugasi sveću i reče:
»Vi ste Nenadović?« – Kažem: »Jesam«. – (Već je on čuo i
znao da sam ja otišô u Rusiju.) Pita me kakva je nadežda.
Kažem da je prilična ... Njegova sestra došla i mnogo gosti-
ju ima, odem skoro. Pust sokak, blato do kolena; idući u bir-
cauz po mraku, kožuh se sav do kolena ukalja, digoh ga u ru-
ke; spade jedna čizma, uzeh je pod pazuh; spade i druga i
jedna čarapa, sve to pokupih iz blata, jedva noge iščupavam.
Čini mi se da nigde onakoga smolnatoga blata kao u Aradu
nema. Dođem, jedva pogodim u kvartir sve bacim, umoran
sednem znojan; a Protić: »Ha, eto tvoga Tekelije!« Vidi da
mi je umor i muka dosadila, hvala mu, uze te mi sve izopira,
namesti da se suši.
     Dođemo na Dunav, pređemo u Srbiju. Dođemo u Kliče-
vac bimbaši Milenku Stojkoviću; Protić ode kući.

VII

     Milenko dade meni svoga hata, pet momaka i seksanu da
me do Katića u Rogaču otprate. Taman pređemo na Kuliću
Moravu, odmaknemo jedan frtalj sata od skele, trči jedan čo-
vek na konju mimo nas. Samo povika: »Bežite, eto ozgo Tu-
raka!« a mi natrag, uđemo u skelu i na desni breg izlazimo.
Dotrčaše turski brzokonjici napred, povikaše: »Ej, daj lađu,
daj lađu!« – Mi od onoga čoveka doznamo da su Turci
krdžalije. Odmah pošljemo za bimbašu Milenka i javim za
Turke; a veće sva vojska krdžalijska dođe i sjaše, vodaju ko-
nje i viču: »Dajte lađu.« Mi đoja nehotice upustimo lađu s
broda niz Moravu i vičemo na vozare: »Držite lađu, držite:
ode lađa!« do jednog vrbljaka, i tu je svežemo u vrbljak, on-

93

da Turcima odgovorim: da »ne smemo dati lađe dok ne dođe bimbaša Milenko, no pričekajte, sad će.« – Turci kažu: »Mi smo iz Beograda, izun imamo od Karađorđa da idemo na naš vilajet; no dajte lađe.« – Kažem da »mi verujemo, no lađe bez bimbaše ne smemo dati, no vi rahat budite, sad će on doći.« Turci konje povezaše, vatre položiše, kafu peku i piju. Do sat li dva li, dođe Milenko, ogrte vlašku belu kabanicu i vlašku kapu, i doziva ih turski, kaže: »Selam vam je od bimbaše, sad će doći, no kažite mi ko ste vi.« – Turci kažu: »Mi smo iz Beograda Gušanac-Aline bimbaše, Ali Prizrena i Bećir Đakova, otpušteni smo da idemo na vilajet.«

Na obali ima oko 50 i više denjkova pamuka. Onda povika Milenko: »Dajte taj pamuk povaljajte na skelu, da u lađi uzgred prevezemo«, i Turci misle: istina je! No Milenko naredi sve denjak do denjka i načini busiju a veće i vojska poče pridolaziti.

Onda Milenko skide vlašku kabanicu i kapu, pa reče Turcima: »Evo mene, Milenka, dođoh; no ko ste vi i kuda ćete?« Kažu oni ko su i kuda misle i da su oni društvo Gušanac-Alino, i da imadu dopuštenje, a da je Gušanac ostao u Beogradu. Pita ih Milenko: »A kojim ste putem u Beograd došli i koliko vas ima?« Kažu Turci da ih ima trista duša, a da su došli preko Ćuprije, džadom velikom. Milenko njima kaže: da oni opet mogu ići džadom kojom su i došli, a da ovuda njima proći kroz vilajet ne da. – Turci jednako viču: »Mi imamo i od Gušanca i od Karađorđa izun.« – Milenko: »Juz izun! – sto izuna – i da je sam Karađorđe i Gušanac, ja ovuda ne dam proći.« Veće je mrak, naše vojske dođe dosta, Turci se zanoćiše.

No kad vidi Bećir Đakovali i Ali Prizren da onde preći ne mogu, oni sa 20 druga sednu noćom u lađu, niz Dunav dođu u Gradište, izađu na suvo, kažu u Gradištu ko su i gde im je društvo ostalo vozeći se na Moravi. – No Gradištani ne dopuste preko sela da sami idu kuda hoće, no im reknu da ih otprate uz Dunav do njihova društva, i pođu. A kad vide Turci da će izginuti, onda u jednom selu utrče u jedan kotar (senjak) i počnu se tući. Najposle zapale seno i potrpaju sve oružje i najbolje stvari što su imali u vatru, i tu i oni svi izginu i pogore.

Ovi na Kuliću opet rano iskaše izun da se prevezu, no kad im odrekosmo konečno, a oni okretoše uz Moravu i između Bagrdana – uprav mesto zaboravio sam – na konaku udari Karađorđe s vojskom i sve ih pobi i pljačku uzmu. (I to se onda govoraše: da je Gušanac nazvao njih neverom, kad ga ostavljaju, i da je pisao Karađorđu da će oni iz Beograda pobeći, da ih dočeka i pobije. Ta prilika može biti.) Ovo je bilo 1805. januara oko 10, 12 li, jerbo smo ja i Protić jemačno bili u Tokaju 6. januara na Bogojavlenije, i, kako smo prešli, drugi dan to je bilo.

Ja odande: u Rogaču Katiću, u Topolu Karađorđu, i u Brankovinu. I dugo sam čuvao moj mundir, rusku kožušku, kapu i čizme mačkom postavljene.

Po nekom vremenu sastavimo skupštinu nekih drugih poslova radi, molimo se bogu u Vrelu kod crkve, naroda mnogo. Iznesem ja ono veliko evangelije pred crkvu, i celivaju ljudi. Ja kažem: da je ovo sveto evangelije poslao po meni sam car Aleksander da ga celivamo i na njemu se zakunemo da se ne izdajemo i da će nam on pomoći skoro; no oni da to svi taje da ne bi Turci doznali; a mi ćemo svi da vičemo: da smo careva raja i da ćemo danak davati, a da ćemo zle Turke i zulumćare tući, i da ćemo knezove u Carigrad slati itd. Ljudi sve to meni kao svecu veruju i kažu: »Vi uređujte, i kako znate, a mi ćemo slušati.«

Budući dok sam ja iz Peterburga u putu bio, naše su starešine činile skupštinu, porezali troškove, i svaki po svojoj nahiji kupili harače po 3 groša na glavu. Jerbo je trebalo i za puštanje Bećir-paše iz Beograda, koji je bio kod Gušanca Alije kao pod stražom, da mu dade ajluk što su mu dahije dužne ostale, i nije ga hoteo otpustiti dokle naši komendati nisu dali Zemuncima obligacije, a zemunski trgovci dadu opet od sebe Gušancu obligacije da će oni isplatiti. I tako Gušanac otpusti Bećir-pašu baš na sam Mitrovdan, tj. 26. oktobra 1804. i dođe na Palež na konak.

Udari poveliki sneg, vezir dozove strica i rekne: »Jakove, eto ti čadora, eto topova, eto džebane; to je sve carsko! I vi ako ste, kao što velite, careva raja, a vi pošljite za mnom, a ja odoh; ako niste careva raja, eto vam topova a eto i džebana, pa što vam drago!« Uzjaše na konje i odu po snegu. (Ali valja da znate i to da su Bošnjaci se pobolevali mnogi u Beogradu, pak uteku do u naš logor i uzmu pasoš da idu u Bosnu; no Srbi sretnu na Dubokom, pobiju; koji li pređe preko Kolubare, siromah, preko valjevske nahije također izginulo je; ne veruje se da je pola otišlo u Bosnu koliko je sa vezirom došlo, no sve skoro propalo.)

No sad što će Jakov?! Držeći se da smo svi careva raja, morao je ono sve otpratiti na Drinu i na Badovinci Turkom predati i kvitu uzeti kako je sigurno sve carsko Turkom predao. Ovu kvitu, kad smo u proleće naše deputate u Carigrad poslali, po njima i kvitu (poslali), od koje se Porta uverila da smo baš prava raja kad nismo njegove topove i municiju ustavili i sebi zadržali, a lako se moglo.

U valjevskoj nahiji 1805. bio je haračlija pop Pavle Marković iz Takova. Te se zime koje harač, koje poreza Gušancu, koje za džebanu kupilo; i na proleće učinimo skupštinu u Pećane više Ostružnice, u jednoj poljanici okruženoj sve šumarom, i čuvamo straže da ne bi Turci iz Beograda udarili. Onde prostremo jedno japundže crveno, i brojimo novce aračke i poreske, od svake nahije donešene. Okolo sede sve starešine i Karađorđe. A kad se nakupi na japundžetu velika gomila novaca, dukata i belih, onda Karađorđe reče: »Eto, kojekude, je li ovo pravo ovolike silne novce davati Turcima da nas bolje tuku, ili je bolje za ove ovake novce kupovati džebanu, pa mi da Turke bijemo?«

Onde su nam bili došli dva boljara od Vla-bega iz Vlaške, da nas uvješčavaju (i to je po nalogu Portinu) da se prođemo i da se ne bijemo, da se Porta ne bi na nas razljutila. Mi bojarima kažemo da mi u svačem smo Porti pokorni. »A eto gledajte koliku smo strašnu sumu se zadužili dok smo Bećir-pašu od Gušanca otkupili; i da nismo caru pokorni, mi bi mogli lako i Bećir-pašu pobiti, i mogli smo one topove i municiju sebi zadržati koju je Bećir-paša u našim rukama ostavio; no smo prava raja careva, koji smo to sve na Drinu odvezli i Turkom predali preko Drine, i evo turski tavil (pismo) itd. No mi uveravamo, preko sve pokornosti caru, mi ovih Turaka zulumćara u Srbiji trpeti nećemo i sam car da zapovedi.« (Videćete pismo Vla-begovo kako nam piše 1805. godine, maja 17. u mojim pročim pismima.)

Od tih novaca isplaćujemo dugove Gušančeve i za džebanu; ispratismo naše deputate: protu iz Sopića, Stefana Živkovića i Protića Jovu do Bukurešta, pak Jova da ostane u Bukureštu a Čardaklija[1] da ide u Stambol. Mi smo u prošeniju[2] našem zapisali da šaljemo dva naša poslanika, ali treći da stoji svagda pogde u tajnosti, da može svagda u rusku misiju odlaziti i nastavlenije primati[3], kao sto su nam u Peterburgu kazali Rusi. I poslali smo Porti sve naše račune: koliko smo preko našega običnoga danka strašnu sumu morali dati, koje oko Bećir-paše i njegove bosanske vojske, koje za otkup od Gušanca za Bećir-pašu, da se car na sirotinju koja se zadužila smiluje itd. Ovo je bilo poslednjih dana aprila 1805. goda u Pećani.[4]

Kazao sam napred kako je Mus-aga jošte u avgustu 6. 1804. mimo Ćurčiju prošao i u šabačkom Bairu preko 70 duša ubio, u grad ušao, novce iskopao i opet na Drinu pobegao. Dogovori se Jakov i Katić Janko (ja sam onda u Peterburgu bio); pokupe vojsku oko Dobrave da učine osvetu nad šabačkim Turcima što su preko ugovora verolomno Mus-agu u grad pustili, i pođu noćom, a bio je veliki sneg i mraz. No izdaleka vojska putujući, jedva po snegu u samu zoru pred ka-

---

[1] Petar Novaković Čardaklija, koji je sa mnom u Rusiju išao, poizostao je u Peterburgu, kako su nam Rusi rekli, čekajući kurira iz Carigrada, da vidi hoće li Porta pokoriti se i Rusima kajnardžijske i druge traktate ispuniti ili će rat objaviti. U martu 1805: došao je (u) Bukurešt i čekao na naše deputate i prošenije, i onda s protom Aleksijem i Živkovićem otišao u Carigrad.

[2] O ovom prošeniju ima Prota ovo zabeleženo: »Što ćeš naći u potpisima Karađorđa i druge starešine izmešato potpisate, i što nismo Karađorđa prvoga potpisali, to smo onda kao neku politiku mislili, da ne bi Porta mislila da je Karađorđe naterao druge da se potpišu, no da smo kao svi jednaki i jedno želimo i jedno prosimo«. (Lj. K.)

[3] »A i novaca, ako bi nužno bilo«, veli u jednoj belešci Prota. (Lj. K.)

[4] Na drugom mestu Prota piše o skupšlini u Pećanima ovo: »Prvih dana maja 1805. godine mi smo na skupšdni bili u Pećanima, na Umki, i to više pećine u šumaru, bojeći se da ne bi Turci iz Beograda izašli na nas. Onda smo doneli onde od sviju nahija pokupljene novce za harače, prebrojali i Turcima dali; a poprede bili smo izabrali protu Aleksu Lazarevića iz Šopića, beogradske nahije, Živkovića Stevu i Jovu Protića za u Carigrad poslati. Ovo je bila prva deputacija sultanu.« (Lj. K.)

piju šabačku dođu. Kapija bila otvorena. Pođu unutra ulaziti prvi, a drugi jošt izdaleka idu. Taman hodža izađe da na džamiji zauči sabu – bajramsku jutrenju molitvu – (a·to bilo baš na turski bajram[1]), kad ugleda gde prvi ulaze na kapiju, a drugi se crne na snegu i za njima idu. Mane se hodža sabe i molitve, veće iz glasa poviče: »Aman, Turci, umeti Muhamed, uđe Vlâ na kapiju u šanac!« Grnu svi Turci na kapiju, dočekaju naše: mnogoga u kućama ubiju, a druge sateraju u jendek oko Šapca ... Veće je svanulo; iz jendeka niko pobeći ne sme, jerbo je polje: koji pobegne, toga Turci onako u polju ubiju. I tako su i Jakov i Katić vas dan stojali u jendeku do mraka, niti jedu niti piju. Turci su donosili vrelu vodu te na njih prosipali; donosili košnice, među njih bacali da ih pčele kolju. Tu je mnogo naših najboljih momaka poginulo, kao: neki Mitar Miličanac, vrlo bogat trgovac; Stanko, moga oca pandur iz Platičeva sremskoga, koji je kod nas sa ženom u kući bio i dobro se obogatio; neki Mitar Cincar, u mog oca hanu na Paležu ortak, bio bogat i junak; i pročih mnogo je izginulo do mraka. A kad se smrkne, juriše i pobegnu u Bair, a Turci s leđa mnogoga rane, a mnogoga i ubiju. Govore da je oko 60 onda poginulo, a u naših je i džebane bilo nestalo; ali je i Turaka bar toliko palo. To sam slušao kad sam iz Rusije došao; a tu bio nisam.

Jošte i o ovome, deco, da vam kažem. Kad sam došao iz Rusije, onih naših uskršnjih posta piše mi Janko Katić da su svi momci odustali Karađorđa, i sam ostao, no brže da mu u Rogaču dođem da idemo u Topolu da vidimo šta je bilo. Ja za dan u Rogaču dođem, sutra odemo u Topolu s naših po pet momaka. Dođemo kući Karađorđa, to nikoga krome kućevnih slugu i gospođe Jelene. Pitamo: »Gde je gospodar?« – »Očô je u Krćevac.« – »A gde su momci?« – Kaže: »Tu onomad ujutru spremili svi konje, dođoše i rekoše: zbogom ostaj, gospodaru, mi odosmo našim kućama; ne možemo badava tebe služiti; a kad na vojsku pođeš, mi smo s tobom gotovi.« – Malo postoja, dođe i Karađorđe sam na doratu, sa njegovim seizom Simom. Isto i on kaže, ali je ljutit kao zmija, malo i govori.

Mi pošljemo za buljubašu Petra Jokića, i u Garaše za buljubašu Milovana, za Pljakića u Kamenicu da oni pokupe sve

---

[1] Te (1804) godine bio je Barjam 22. decembra. (Lj. K.)

momke i u Topolu dođu. Čekamo nekoliko dana, dođe Milovan buljubaša iz Garaša, Markov iz Jagnjila, Uroš iz Žabara; Petar popre je došao; i tako svi, oko 40 momaka, iskupiše se. Karađorđu nijedan ne ide, niti ih on prima. Uparadimo sve momke i pitamo ih zašto su oni ostavili sama gospodara, i zašto nam kazali nisu da oni neće kod njega biti, »mi bi od svake nahije od nas po pet momaka dali da kod njega budu, jerbo je i grehota i sramota da naš vožd sam bez momaka bude, i vi ste ne samo njemu no svima nama i narodu kao neki neverluk učinili, i ko se u vas odsad pouzdati može!«, itd. – Oni: »Istina da smo ružno učinili; trebalo je da smo i vama javili ili bar čekali do skupštine, kao što vi velite, ali mi ne možemo kod njega bez plate stojati. Mi svaki dan trčimo tamo-amo, njegove zapovesti i vilajetske uredbe raznoseći, konje potrsmo, ruho poderasmo, a kod kuće naši poslovi propadaju, a mi smo gotovi kad god pođe na vojsku, mi ćemo s njim, itd. No ako hoćete nam opredeliti štogod plate, mi ćemo opet mu služiti i verni kao i pre biti.«

Odu oni na svoje kvartire, a mi odemo g. Đorđi. On, jedno ljutit, a drugo mu je žao, skoro da suze ne pusti. Kažemo da se momci kaju što nam nisu pređe javili, i da oni mole da im se što ajluka opredeli, »a, gospodaru, ne mogu bez plate, makar koliko, služiti!« – On kaže: »Idite, kako znate tako i uredite.« – Mi se dogovorimo da im obreknemo plate na mesec po 60 groša (onda je bio dukat ćesarski 10 groša), tj. po 6 dukata na mesec. Iskupimo momke i kažemo da im taku platu odpredeljujemo i da od nas gledaju; koji hoće neka ostane, koji neće, neka sad ide kući, da znamo; a mi ćemo na njegovo mesto iz drugih nahija momcima potpuniti, jerbo svuda dobrih momaka ima. Na to svi pristanu i blagodare, obreknu se da će oni i unapredak u njegovoj službi biti. Mi kažemo da to nije u njegovoj samo službi biti, no to je služba celoga naroda našega, »jerbo je Đorđe sviju nas vrhovni vožd, a vi njega čuvate kao jedan amanet narodni; i koji odsad ne bude u najvećoj opasnosti sa njim, veće od njega odustane, taj će se zvati izdajica narodni, i mi ćemo onoga koji bi ga izdao u čem, iznaći i uhvatiti, pak ne samo njega i njegovu celu familiju jošte i od tetke dete na vatri spržiti. Koji to ne kabuli, neka izađe iz parade i neka slobodno ide kući, a naša će briga biti Karađorđu momke nabaviti.« – Oni svi uglas: »Mi kabulimo i svi ostajemo kod njega; samo da nam ajluk koji obrekoste dajete, da možemo kupovati konje i odelo«, itd.

Odemo sad Karađorđu i kažemo sve. On sedi u avliji. Mi dovedemo sve momke, i koji k ruci, koji k čemu, govoreći: »Prosti nam, gospodaru, mi smo pogrešili, jevo se kajemo, i pred ova dva gospodara se zakleli; jevo i tebi se opet zaklinjemo da ćemo biti do smrti verni.« – Njemu se zavrtoše suze i reče: »Hajte, hajte svak na svoje mesto; a što je bilo, bilo; da je prosto, ni spomena nema. A odsad koji želi od mene da izađe, neka mi napred javi«, itd. – S otim posao svršimo. On mene i Katića dobro ugosti. Sutradan u Rogaču na konak Katiću, pak u Brankovinu.

VIII

Boža Grujević (Teodor Filipović) prvi sekretar Soveta, u aprilu mesecu dođe. Njegova je starina i familija u našemu selu Vrelu, no on je sedeo kod nas u Brankovini i počeo pisati ustrojenije Soveta, kakov Sovet treba da bude u našim ondašnjim opstojateljstvama.

U juniju mesecu dođe nam pismo od g. Đorđa: da ja povezem top i njemu u Topolu dođem, da idemo da bijemo i popalimo Karanovce; Jakov da uzme dosta vojske, da izađe na užičku među od valjevske nahije; a Milan i on da od rudničke na među iziđu i čuvaju, da ne bi užički Turci pošli u pomoć Karanovcu i nama s leđa došli. Ja spremim jedno 100 momaka, jerbo on kaže da onamo ima vojske, ali topa nema. I Boža Grujević sa mnom pođe. I kako on u svom žurnalu piše da smo iz Brankovine za u Topolu pošli junija 7, i svaki dan gde smo prolazili, i kako smo Karanovac tukli, osvojili 29. junija, na Petrovdan, i popalili, nakratko opisivao. I ovo piše. Kad smo došli u Topolu kako nas je g. Đorđe ugostio, i na njegovo, tj. Božino, pitanje o vostaniju, i da mu je Karađorđe kazivao ovako, veli Boža: »Iz usta jego slišah načalo vostanija Serbov. Prišedši k njemu Turci, da ga seku kao i druge, on ih rastera, pobegne, sazove Stanoja (Glavaša.) I prvi dan njih 4 bila *su*, treći dan 9, sedmi *dan* 300, a deseti *dan* 2.000 *skupili* se govoreći: »Ako nam je po samom ginuti, neka (smo) u gomili (da) ginemo.« Potom vizitira momke; puška u mnogih prazna bila (momaka puške u mnogih

prazne bile) *i* nijedan fišek; *a u mnogih* po jedan fišek u pu-
šci, *koji govoriše:* »Neću pucati dok k njemu ne dođem i ubi-
ti *uzmognem* (uzmogu i uznam) sigurno.« Onda *ih* raspusti,
no da budi gotovi svaki put kad ih pozove; raspusti zato da
Turci decu ne porobe (potrebe). Onda čuvši da svi ustaju,
potera sve, i koji nije hteo, njemu Turčina obesi na vrati ili
zakolje. Onda, bojeći se selo globe, svi su *ustali* (ustanu).« –
Ovo je 'vako zapisao Boža Grujević da mu je Karađorđe iz
usta kazivao, kad smo na Karanovac pošli, u Topoli na veče-
ri.[1]

Hajde kad sam oko Topole da zapišem što mi je kazô je-
dan starac, Stanko iz Vrbice, koji je bio u četi kada je Kučuk
Alija u Vrbici na Karađorđa udario i ćurak mu oteo. »Uda-
ri«, veli, »Kučuk iznenada; a mi se počesmo tući a k planini
izmicati. Tu nam pogibe trinaest momaka osim ranjenih. Je-
dva uz polje izmakosmo u bukovičku planinu. Tu se poisku-
pismo i čuvamo da ne bi Turci u planinu u roblje udarili. Ku-
čuk Alija se u Vrbici zanoći. U dva sata noći povika jedan iz
njegove vojske. »Aj, čuj, Srbine: odoše Turci putem na Ploč-
nik« (velikim drumom). Mi potrčimo. Na Pločniku uhvatimo
busiju; no onaj prevari i provede Turke drugim putem na Ba-
nju i Topolu (jerbo je onuda mali put bio) pak u Kragujevac.
Valjda je ono vikao Maksim knez iz Guberevaca koji ga je
svuda vodio. Kučuk Alija osvane u Šljivovom Selu, uhvati
tri čoveka i poseče, pak u Kragujevac ode, pokaže Karađor-
đev ćurak, i seljaci počnu zairu donositi mu.« I ovo mi kaže
Stanko iz Vrbice, koji je s Karađorđem bio na Novom Paza-
ru baš na Sv. Đorđa, 23. aprila (1809), pak i na Suvodolu,
gde je varošica, i ima kula, i da je preko 600 Turaka poginu-
lo, ali je i naših dosta, i dođe glas za propast na Kamenici, te
se vratismo, a bili smo pošli da se sa Crnom Gorom sastane-
mo.

Požarevačka nahija. Godine 1805. razbije Milenko i Do-
brnjac Afiz-pašu na Ivankovcu, 6. avgusta; natera ga u Para-
ćin. To veče dođe noćom Karađorđe i Mladen s vojskom;

---

[1] Prota nije verno naveo reči iz Božina dnevnika. U ovom
izdanju to je učinjeno, ali što je Prota izostavio, ovde je obele-
ženo položenim slovima, a što je dodao ili drukčije kazao, stav-
ljeno je u okrugle zagrade. Nisu označene samo dve neznatne iz-
mene: prišedše, Turki. (Lj. K.)

Milenko pomisli da se Turci povratiše, opali iz šanca puškama, dok Karađorđe zalupa doboš, tako se poznadu.

Sutra 7. izveze Karađorđe top u vinograde paraćinske, opali na Paraćin, Afiz-paša pobegne. Karađorđe nije pustio vojsku u Paraćin, budući je ono drugi pašaluk, leskovački. Afiz-paša od reziluka u Nišu umre. Naši deputati maja 28. došli u Carigrad, predali sultanu prošenije 1. junija. Kako čuje ruska misija da je Afiz-paša na Ivankovcu razbijen, uzme naše deputate, protu i Čardakliju, u jednju lađu i 27. avgusta u Odesu pošlje. – Živković Steva pre je od Porte sa izunom pošao preko Vlaške, đoja da kaže da je Afiz-paša od cara poslat da se Srbi ne bi pobili, no neka Afiz-pašu poslušaju. Dok je došao Steva, Milenko Afiza potukao. A da je i došao Živković, ne bi Afizu pomogao.

Opojeni trima slavnim pobedama, pozovemo vrhovnog voжda da dođe u Bogovađu, da bogu blagodarimo, i njega nanovo međ' narodom proglasimo – koji smo od tri nahije skupili, od valjevske, šabačke i rudničke – potvrdimo, i mnogoljestvije bi odgovaralo hiljada pušaka i dva topa. On piše da on voli u Borku, no da dođemo Kneza-Siminoj kući. Odberemo valjevskih, šabačkih i rudničkih 4–500 najotmenijih ljudi, i vladiku Antima. U Borku skupština. Među pročim opomenem ja, kao što sam i pređe svakom poosob govorio, za Sovet. Karađorđe, tako i sve starešine odobre da ja biram koga hoću, i tako ja nakupim šest sovetnika od kmetova i trgovaca, i kažem: da mi samo ime Soveta za vreme čuvamo, »a kad se umirimo, to ćete vi, glavni komandanti, biti u Sovetu«, itd. Karađorđe odredi da u manastir Voljavču idemo i tamo sedimo. Već mi kaki smo taki smo, dadu meni prvenstvo, i odemo u Voljavču. To je bilo avgusta 15. na Veliku gospođu 1805. – Boža Grujović i sekretar i koncepista, arhivar, stolonačelnik i sva zvanija na sebi nosi.

U Voljavci pustinja, planina i vrlet, niti imamo šta izesti ni popiti, pravi pustinici i posnici. Zamolimo g. Đorđa; odobri; premestimo se u Bogovađu, gde svašta na kolima doći može. (A ne kao u Voljavči: čovek na leđi donese po 40 oka brašna, i to kukuruzna, jošt da ga ima dosta.) – Sad ako i jesmo u manastirskim ćelijama, opet nismo isposnici, ako se i iz svojih kesa hranimo kao i u Voljavči.

Među tim vremenom ubiju smederevski Turci kneza Đušu Vulićevića. Karađorđe počne tući Smederevo. Piše meni,

odem iz Bogovađe, tučemo Smederevo i uzmemo. On zapo-
vedi, odem u Bogovađu, dopratimo Sovet u smederevski
grad i tamo sedimo.

Januarja 4. godine 1806. piše gospodar Đorđe, dođem u
Kneževac. 5. rano pođemo na Carevu ćupriju na Topčider, s
tim ugovorom da uzgred, ako nađemo kakvih Turaka uz put,
zakačimo, ali da ne počinjemo veliki boj, jerbo u nas nema
ni sto pedeset konjika, a pešaka nimalo; istrčaće Turci iz Beo-
grada gde ih mnogo ima. Veće naši brzokonjici otrčaše, u
Makišu saleteše oko 20 kola turskih sa senom, počeše puca-
ti. Turci od kola načiniše karu, brane se. Čuje se boj u Beo-
grad. Mi odemo putem Žarkovu, a stiže Dema, Gušančev ka-
badahija, sa stotinu hatlija, a drugi iz Beograda buljuk za
buljukom trče. Povika Katić: »Brdu! U šumu barjak!«, i ta-
ko ugrabimo u šumar. Krdžalije odu putem, zateknu Popovi-
ća Pavla iz Vranića sa 20 momaka u Majdanima, kod Belih
voda, opteku, potuku se; a drugi otrče u Železnik, oko šanca
zateku ljudi i 7 glava odseku, i pobegnu natrag. Ostave Po-
povića ranjena i jošt dva momka, a drugi zdravi se odbrane.
Dođemo u Železnik: vidimo sedam bez glava, a Karađorđe:
»Ha, po duši vas, čuvaj dobro stražu, čuvaj!«

Odemo u Ostružnicu; spremi mene i Božu u Beč moliti
imperatora Franca za džebanu i druge potrebe, odakle po-
šljemo prošenije imperatoru Aleksandru ruskom, s otim i u
Carigrad sultanu. To će biti oko polovine januara 1806. go-
dine, tako mi se čini.

Baveći se ja u Beču, izađe Karađorđe i Jakov s pročom
vojskom na Drinu niže Lešnice, gde je Memed kapetan Vi-
dajić doveo vojsku. U žičkom polju pobiju se, gde je Kara-
đorđa tane u vrat udarilo, no svilena marama nije dala probiti;
te se Karađorđe ukloni pod Vidojevicu. Turci opkole našega
buljubašu Živka Dabića i pisara Karađorđeva Janićiju; vas
dan na njih jurišali i jedva ih mrak otme te se izmaknu, a
Turci prodru u Šabac. Karađorđe ispod Cera dođe blizu Mi-
šara, u Jelenči oko šljivaka načini nešto šančića od prošća.
Ujutru izađu i Šapčani s Memedom Vidajićem, naglo udare
na šančić, no ih hrabro odbiju: tukući se vas dan i sav šanac
optekli; dok pred veče neki kaluđer iz kaonskog manastira,
Makarije, i Petar Moler sa 20 momaka iz šume prospu pu-
ške, poviču: »Juriš, juriš, braćo, vi odozgo, pobegoše Turci!«
Tako se Turci poplaše, pobegnu Šapcu. (Jakova je jošt na

Drini tane zvrcnulo u glavu, i popre otišao u Brankovinu da se leči.) Tu je Karađorđe bio u velikoj opasnosti, kako je sam u šancu govorio: »Po duši ti te šljivare bosanske, kako neće da se bez zla okanu!«

Tu čuje Karađorđe da je od Srebrnice Asan-paša u to vreme – znajući da je naša valjevska vojska na Drini sva – s vojskom došao u Valjevo, brankovičku crkvu i naše kuće popalio i okolna sela. Onu noć on – Karađorđe – Živko Dabić i Milovan Grbović pohitaju s vojskom, dođu u Brankovinu, a Turci već pobegli, i oni trčali za njima do na planinu, ne mogli stići. Ovo mi je kazivao pop Sima Popović: da su u Poćuti pokladovali (11. februara 1806.) kad su se vratili, i da je crkva i naše kuće i selo izgorelo baš na naše zadušnice (3. februara).

Iz Brankovine piše meni Đorđe Petrović, veli ovako: »Vaše su kuće i crkva popaljene, no vaša se familija spasla u tamnavskom zbegu zdravo i mirno. Nemoj se brinuti, no gledajte vaše delo za koje ste otišli.« – Ovo sam pismo primio u Beču.

Vojska se naša opet vrati u Varnu i oko Dobrave od Šapca čuvati, a Karađorđe u Topolu.

Ja dođem s Božom iz Beča, izdam nalog šta smo svršili, i donesem 1.000 komada raketli velikih, da Šabac palimo kad mu bliže dođemo. – I odemo opet u Smederevo u Sovet na naša opredelenija i tamo sedimo. Dok između Voskresenija (ovo mi je Gaja Dabić kazô: da je po Voskreseniju u Vtornik, ili Sredu svetlu boj bio na Čučuga; ja sam zaboravio bio) čujem da se od Sokola vojska sprema na valjevsku nahiju, koju je pokupio, oko 5.800 Turaka, neki Valjevac Džora Osman. Znajući ja da je sva valjevska vojska prema Šapcu, pohitam iz Smedereva, dođem u valjevsku nahiju, pođem Svileuvi, doznam da su Turci popalili popa-Lukine kuće i otišli u valjevsku nahiju, i u selu Čučuga na konaku. U selu Brezovici, odmarajući konje, koji su već posustali bili, iskupim sedmoro-osmoro momčadi. Pođem pravo za Turcima. Veće čujem puške i poznam da je boj. Malo, sretnem Vesu iz Ljubinića sa 7 momaka. Kaže mi: »Ne idi, Turci sve rasteraše; ja otrčah da roblje uklanjam.« I ne hte se sa mnom vratiti. Ja pođem unapred, puške ne prestajaše. Ja idem na sent, i veće svanu; dok sada tekem čujem plotune, pucaju opet na onom mestu, no valja mi donde dobar sat i po putovati, a konji posustali. Čujem gde mnogo pušaka i plotuna puca. Dok jedanput okrete se glas od pušaka uz Ub. Poznam da jedna vojska bega, ali je naša ali turska. Izađem na put kuda su Turci pobegli; nađem na putu jednoga, malo dalje dva i tri mrtva Turčina. Čujem jedan sat od mene gde puške pucaju, ali sve dalje. Sađem na vodu Ub, nađem Jakova i Luku, a oni se vratili od teranja, jerbo su umorni, od Šapca hitajući i onu se noć tukući.

Pitate me: kad je valjevska vojska kod Šapca bila, tko te Turke razbi? – Eto 'vako je bilo: Jakov i pop Luka i Živko Dabić, kako čuju da su Turci u Svileuvu došli, krenu se hitno i ne zastanu Turke u Svileuvi, za njima pođu, stignu gde su u Čučuga na konaku Turci. Oni dođu blizu i razrede vojsku koja će s koje strane udariti, ostave rok kada. Turci prouče jaciju, tj. u dva sata noći. Kad se dobro smrkne, oni svaki sa svoje strane se prikuče; kako dva sata budu, juriše sa tri strane i prospu plotune. Turci od vatre pobegnu, ostave pokraj vatri pečene jaganjce, svu večeru, sav prtljag i pljačku, pobegnu, neki se u virove ubske podave, dosta ih i mrtvih ostane, a drugi se pod jedno brdo uz kraj pribiju. Naši svu noć iz mraka pucaju. (Kažu da je bilo 5.800 Turaka.) Kad se već zora ukaže, naši dadu znak te se sva vojska naša, krome konjika, pribere na jedno brdo u vinogradu; ograde nešto šančića od prošća. Turci naglo udare, tako da su barjaktari do prošća barjake donosili i nad šanac nadnosili, no tu su svi ginuli i barjake pored šanca ostavljali. Mnogo je i drugih osim barjaktara, Turaka padalo, i u našem šancu mnogo se ranilo i konja poginulo. Posle trećeg juriša Turci se poistupe malo, meterize pohvataju i iz šešana tuku.

Okolna sela kako su čuli puške u Čučuga, svi grnu, staro i mlado unaokolo, dolaziti, dok i Milovan Grbović i Moler iz Kličevca uz put jave selima, koji se svi iskupe. I od sela Dokmira povice Grbović i Moler: »Aj, braćo, držite se, udrite se, eto nas vama u pomoć!« U isti čas pogine Džora Osman, turski starešina. Turci pobegnu, a naši zaokupe i, oni odmorni od kuća, poteraju. Turci begajući pobacaše puške, haljine, obuću, da bi lakše begali; ali zabadava, Srbi stizaju, i koji sabljom, nožem, koji britvom kolji, koji prošcem i krljađem u glavu tuci. Moj stariji brat Petar na konak četiri živa dovede, te ih jedno dete iseče. Kazivao mi je skoro Gaja Dabić čije je ono dete bilo. Glave nisu sekli, jer su svi raznim haljinama, puškama i drugim pljačkama natovareni bili. Oni su terali donde dokle ih nisu Milić Kedić i Nedić Mijailo sa svojom vojskom susreli; pak ovi umorni vratili se, a Kedić otera do sokolske nahije, dok Gača i pop Mića iz Skadra ih preteraju do Sokola. Kazuju da je preko 2.800 Turaka poginulo, i ono što je uteklo, na dobrim konjima – a pešak slabo je utekao, i to boso i golo i sakato.

Kad se naša vojska iskupi na konaku na Ubu, tu sam video u nasih vojnika dosta sabalja, noževa krvavih i prebijenih, kundaka u pušaka takođe isprebijanih, izlomljenih i od Turaka svake pljačke dobijene. Tu mi je vrlo žao bilo što i ja nisam mogao u boj stići. No hvala bogu i braći Srbima, osvetiše našu crkvu i naše kuće. Ovo je bilo na Svetli utornik (3. aprila) 1806. – Naša se vojska vrati opet Dobravi čuvati Šabac, i u Varnu.

IX

Asan-paša pokupi oko 1.000 Turaka i preko Jadra prodre u Šabac. Od šabačke nahije kmetova oko 20 otidu, predadu se i odnesu zairu. Asan-paša zadrži deset, a one druge pusti kućama da drugim kažu da ne slušaju valjevskih hajduka i Karađorđa, no da budu caru pokorni. A i od Bosne dolaze glasovi da će letos velika sila udariti na nas, a šabačka nahija zbrkala se: jedni s nama, a jedni s Turcima. Sad naša vojska zaželi da ja budem s njima, a da ne idem u Sovet; i Karađorđe odobri govoreći: da je sad najnužnije od Turaka se braniti »a lako ćemo, veli, Sovet potpuniti; treba i druge sovetnike koga narod zaželi i vojska zahte, poslati.«

Sad kako Asan-paša dođe u Šabac, pobojimo se da neće na valjevsku nahiju udariti. Dođemo na Dumaču u Topolik s našom vojskom, počistimo onaj nemački šanac, čuvamo, a vojska po Topoliku oko Dumače. Izlazimo oko Šapca do Baira, dodu Turci, bijemo se po polju, a kad Turci umnože topovima na nas, a mi se opet uklonimo. Odemo noćom u Kitog. A kad Turci svoja goveda isteraju da pasu, jurišimo, goveda otmemo, govedare pobijemo, jedva koji uteče. Jedanput smo oteli 230 komada, prodali, podelili koliko nas je bilo. A mnogi put po srpskom i turskom Bairu povazdan se tučemo, udari tane moga dobroga hata u nogu i oronu, poslah ga u Zabrežje kući. (Da, mi smo stari Mihaljevića šanac na Zabrežju počistili, i onde našu familiju smestili, i onde džebanu spremamo i vijemo.)

Jedan dan izađoše Turci u polje pod Bair. Ja pojašem striče va hata (što je Gušancu dao sto dukata, ali je dobar bio), te se vas dan tukosmo i pregonismo, dok hatu udari krv na usta i na nos; ja ga u logor dovedem, pak manjka. Rekosmo da ga je udarilo tane u usta, jerbo kad trči, vrlo je otvarao usta i zijao.

Petrov post nastade (27. maja 1806.), počeše dolaziti bosanski kapetani i male paše, ići-tuglije, i očekuju travničkog vezira prema Badovincima. Kazuju nam prijatelji da je vojske prema nama mnogo (jerbo je samo valjevska nahija, i to ne sva – naša valjevska nahija čuva od Krupnja, od Sokola i od Užica – i šabačka; ali je šabačka razdvojena i rogobatna). Kažu prijatelji dok dođe vezir i Krajišnici da će biti više od pedeset hiljada. Pišemo mi gospodaru Đorđu: da hoće na nas mnogo biti Turaka; i da ovi Turci taki glas puščaju u narod da oni ne idu da Srbe porobe, no samo idu da Srbe caru u rajaluk nateraju i da careve teskere koje oni sa sobom nose prime i caru harač dadu, pa će se vojska vratiti, i da je veće Mačva i Pocerina svoje ljude poslala, i Sirčiću-paši, i alajbegu i krajišničkom kapetanu iz Novoga Musta-begu, koji su na Badovince na ovu stranu prešli, mnoge kočije travu im u logor odnose i drugi izmet čine; a valjevska nahija nije kod nas sva u skupu, na mnogo čuvaju, od Sokola i Srebrnice; – zato se bojimo da nas Turci ne pobede; zato ga molimo da nam dođe ili što više vojske pošlje. On – Karađorđe – piše nam: »Budući da Omer-paša polazi na ovaj kraj, i hoće na Ćupriju, zato ja moram ga čekati, i u ime boga, kako ih razbijem, ja ću tamo doći. No kad Turci govore da oni samo idu da nas caru pokore i teskere dadu i harače uzmu, pak da se vrate, a vi gledajte prema njima, lackajte ih i zavaravajte kako najbolje znate, dok i ja ove razbijem i tamo prispem.«

Ovo sam zaboravio i preskočio. Kad je naša vojska po drugi put, 8. maja 1806. izišla na Vračar, Miloje Petrović načini šanac u Ciganskoj bari, kud protiče Mokri Lug preko livada u Savu; na sredi namesti nekoliko topova, puca na varoš i na grad, a Turci sa ćoška od Varoš-kapije na njega bacaju. Tobdžija je turski bio Čanak-barjaktar, i dobar nišandžija. Onda je i Jakov sa 300 konjika otišao na Vračar, dok su Turke zaplašili i u grad sterali. Jednu noć odu svi s Vračara konjici i sakriju se u majdanu, u onu rupu gde je sada groblje; a kad Turci iziđu u Mokri Lug i Vračar da traže trave, onda oni istrče iz majdana, preseku Turke i dosta ih pobiju, i stric Jakov dovede dva vezirova imraora, jedna kola i dva konja. I bio se neko vreme na Vračaru, pak dođe opet Šapcu, a Miloje ostane u šancu, u Ciganskoj bari, kako sam gore kazao.

Da, i ovo sam malo preskočio. Sedeći mi u Topoliku i tukući se oko Šapca u Petrov post, namislimo da jurišamo na Šabac; a budući da se mnoga so u Šapcu zastala, pozovemo koji će se upisati samovoljno na juriš, i osim pljačke sva so da bude samovoljnicima naknada, i napisasmo 200. Damo svakome sačme dramlije da po pet metnu u svaku pušku. Razredimo: Cincar Marko (Kostić) sa jalije, najbolji junak, reši se sa sto bećara udariti na kapiju donju; naredimo da Cincar Janko (Popović) sa sto bećara sedne u lađu više Šapca i niz vodu da se izveze u kuće na jaliju, jerbo od Save stoji otvoreno, nikakve tvrđe, i da upadne u kuće i donju kapiju otvori; Živko Dabić da udari na gornju kapiju da Turke zamamljuje, a mi svi drugi okolo šancu da se prikučimo, premda je jendek pun vode, preći se ne može. One raketle što sam iz Beča doneo počnemo bacati, svaka vojska dospe na svoje opredelenije, no Cincar Janko ne pogodi na jaliju otvorenu od Save, kako bi odmah mogao donju kapiju otvoriti, no ode niza Savu. Ovi čekaju na kapiji i biju se, sa sve strane puške neprestano pucaju; dok Asan-paša vidi da niotkuda opasnosti nema, jerbo okolo u jendeku voda, a gornja kapija vrlo tvrda – paša i svi Turci na donju kapiju nagrnu i tako sebe obezbede, premda je bilo dosta mrtvih i ranjenih od obe strane. Mi se vratimo u naš logor u Topolik. Ovo je bilo u mesecu juniju 1806. godine.

Hajde i ovu besposlicu, san, da vam kažem, ali se meni gotovo pogodilo. U Topoliku jednu noć snim ja, gde idem lepo na nogama, ali moja glava odsečena i ja je nosim u rukama, pa se setim da je metem na vrat ne bi li prirasla; i metuh je, pritiskujem odozgo, ne bole me, ali neće da priraste; skinem opet i držim u obema rukama a idem; opet lepo je upravim i da ne bi brada nakrivo ostala, i opet metnem na vrat gde je i bila, pritisnem, a ona priraste. Pita me jedan koji je blizo mene i gledi: »Priraste li?« veli. – Pipnuh ja oko vrata, al' ona prirasla; kažem: »Priraste – rekoh – al' ne znam je li pogodilo ono jedno u drugo što se govori i guta.« – »E – veli – da nije pogodilo, ne bi ti mogao govoriti.« – Sad, deco, smejte se vi, ali dok vam posledak kažem, mal' da nećete reći: bilo je istinito predskazanije neko.

Sedeći mi u Topoliku, Stojan Čupić hoda sa nešto čete oko Drine. Dođe nam i kaže da je se on sastajô sa četiri bosanska bega, i da su mu govorili: »Pošljite ljude našemu veziru, primite haračke teskere i kabulite caru pokornost, pa ćemo se mi svi vratiti.« »No«, veli Čupić, »neka ide prota sa mnom u ordiju, da teskere primimo, ne bi li se Turci vratili. Ako li se pobijemo, vrlo je mnogo Turaka, nećemo dževap moći dati.«

Sad navali na mene Jakov i pop Luka: »Idi, idi sa Stojanom, ne bi li štogod fajde bilo. A eto i gospodar Đorđe piše da gledamo kakvim načinom ne bi li Turke zadržali dok bi i on stigao.« Tako, i bez moje dobre volje, odem sa Čupićem na Drinu. Posla on svoje ljude, i dođoše ona četiri bega, koje kao reum (ili bošnjački: taoce) u naš logor pošljemo, a ja i Čupić sa alajbegom Sirčićem i kapetanom novskim Mustabegom dođemo na Badovince, u njinu ordiju s ove strane Drine, gde je paša Sirčić iz Goražda. Dadu nam jedan čador i dočekaju kao najbolje prijatelje. Na pitanje paše zašto se bijemo, kažem da se mi ne bijemo s carem, no samo sa zulumćarima, koji i careva vezira i dobre Turke, pa i naše knezove isekoše itd. – »Hoćete li vi primiti careve teskere i caru harač dati, da vam pošljemo jednoga sa 60 Turaka?« – »Hoćemo«, kažem. – »A koga ćete za haračliju?« – Kažemo Sirčiću: »Hoćemo tebe. Ti imaš raju i znaš kako raji treba adalet.« – »Tako ćete«, veli, »sutra, kad pred vezira odete, kazati, a vezir će dati koga vi hoćete.«

Sutra pođemo preko Drine u veliku ordiju. Uđe Čupić, lađa prepuna; ja kažem da ne smem, ali đavo, navr' lađe sedi, Kulin-kapetan, čovek oko 30 godina, odeven, prikladan, povika: »Ulazi, ulazi, pope; kad ja smem, i ti smeš.« Uđem, a kad bismo nasred Drine, a Kulin kaže: »Vala imam dva književnika, jedan turski, a jedan vlaški, oba su bogomoljci, jeda i ja s njima na selamet iziđem!« Čovek veseljak. Pređemo i ja i Čupić, čekamo dok nas zovnuše u jedan vrio golem čador. Kad tamo, sedi šest paša, tu je i naš domaćin Sirčić, i više od dvadeset kapetana. Sede, a mi stojimo. Pitao nas jedan: »Zašto se vi s carem bijete i zašto se caru ne pokorite?« – Ja kažem: »Mi smo svagda našemu caru pokorni kao i naši dedovi i očevi što su bili, i mi smo i sada caru i većilima pokorni. No sva gospoda i sva Bosna znade kako su dahije postale. Hadži Musta-pašu ubiše i tuna u Skočiću Smail-Efendiju, i šćadijahu i Srebrnicu poarati da mogoše, pak nam isekoše sve knezove i kaluđere i moga oca. Sva gospoda znade kako je on caru i vezirima izmet činio.«

Pet glasova, koje od paša, koje od kapetana, uglas rekoše: »Vala tako je, nije u Vlâ ostao caru onaki izmećar kao što je bio knez Aleksa. Svi znamo da je na pravdi poginuo.«

Onde je sedeo vezir, ali mi ne znamo koji je. – Pita: »Kada je dolazio Bećir-paša i dahije isekao, zašto se vi ne umiriste no opet vojujete?« – Ja: »Jeste Bećir-paša došao i dahije isekao; ali je Gušanac Alija sa krdžalijama dahijska tevabija, i gori je nego sve dahije. A šta smo mi novaca dali dok smo Bećir-pašu otkupili od Gušanca i njegovih krdžalija!« – Reče Sirčić-alajbeg: »Istina je tako, ja sam sa vezirom u Beogradu bio i očima gledao.« – Pita: »A zašto se niste predali Asan-paši kad je došao s vojskom u Šabac?« – »Kako je došao Asan-paša u Šabac, odmah je otišlo 40 kmetova i dva kaluđera od šabačke nahije i zairu odneli. On neke pusti, a pola ih pohapsio i u apsu dosad su petorica u gvožđu umrla. Iskali smo da ih po našemu zakonu sahranimo, i nije dao. Pa ko sme onakome otići na predaju? Poslali smo caru mizare i tri kneza, i molimo da nam pošlje jednoga vezira i vojske da krdžalije iz Beograda isteramo, i onda se možemo svakom dobru nadati.« – Paša: »Ako ste careva raja, hoćete li carev teskere primiti i harače dati, pak će vezir svu vojsku natrag vratiti? I ako nećete u Beograd ili Šabac, a vi uzmite da vam vezir dade jednoga koga vi begenišete, sa 60 Turaka, pak usred vilajeta načinite jednu kuću, i onde harače pokupite i caru pošljite, a da mi vojsku vratimo.« – Kažem: da hoćemo, »i to ćete kod boga sevap veliki učiniti da sirotinju sa tim umirite.« – »A hoće li Karađorđe doći da i on harač dade?« Kažem da hoće i on i svi drugi, i malo i veliko. »E, dobro – kaže – a vi koga hoćete od paša, sa 60 Turaka i bošče (teskere) uzmite i vodite, a vezir će otpustiti vojske; ali ćemo nekoliko vojske i ovde držati dok vi harače pokupite.

110

No koga ćete uzeti od Turaka?« – Kažem da hoćemo Sirči-
ća-pašu, jerbo on ima dosta raje, a i, po nemačkoj krajini,
najpre je došao u šabačku nahiju i sirotinju lepo umirio, i ni-
kakva zuluma nije bilo, i proče.

Oni svi povikase Sirčiću: bumbareći, tj. srećno, srećno!
Mi se poklonimo i odemo preko Drine opet na konak kod
Sirčića, koji se veće poče spremati. Milo je meni i Čupiću, i
pišemo Jakovu na Šabac kako smo ugovorili. A i vezir posla
buruntiju u Šabac da Asan-paša ne izlazi napolje i ne zame-
će kavge, niti se više bije – mir je ugovoren, i da otpusti one
kmetove koji su kod njega u gradu.

Pitate me, deco: a da ste vi doveli 60 Turaka i teskere do-
neli, bi li Karađorđe one Turke isekô i teskere popalio? – Ne
bi, no bi mu jošte milo bilo. Mi bi na one teskere pokupili
harače, jerbo bi naš narod dragovoljno davao, samo da car-
ske teskere dobije. Pa kad bi sve pokupili, mi bi našega ha-
račliju spremili otkuda je i došao, a kazali bi: da ćemo ove
haračke novce poslati caru; – a mi bi one novce lepo za dže-
banu upotrebili, i ne bi nam bilo badava što smo hranili onih
60 Turaka. Šta je to prema našoj vojsci, među nama, a nije u
gradu! A mogli smo (tim načinom) i celu godinu mirni biti
od napadanja turskoga, rastežući u kupljenju i proče.

Veće puče glas po ordiji: mir, mir – i svi kapetani sve
svoje siromašnije otpustiše vojnike i poslaše kućama, i svoj
Bosni je milo.

No sad da vidite. Čovek ugovara, a bog rešava.

(I ovo sam zaboravio. Kad smo ja i Čupić došli u ordiju,
zastali smo popa Galonju iz Mačve, i više od dvesta kočija
mačvanskih, gde dogone drva i travu i drugi izmet po ordiji
Turcima čine.)

Mi smo zaiskali među nas Sirčića, kako sam gore kazao;
ali, kako mi novski kapetan onda kazuje, pop Luka poslao
pismo kapetanu Ali-Vidajiću (koji je onda za pašu vanzirao)
da se on kao njihov spahija za njihovu nahiju poduhvati, i da
će njega narod najvoleti, i dosta kmetova potpisati. Za ovo
ne mogu jemstvovati da je pop Luka bez dogovora pisao.
Mogao je i ko drugi od šabačke nahije u ime njegovo napi-
sati Vidajiću i kmetove potpisati; jerbo na moje posle pitanje
popa-Luki, kaže mi da nije on pisao.

Sad sprema se Sirčić, a sprema se Ali-paša Vidajić. Sir-
čić s ove strane Drine, i sa njim njegov sin Ali-alaj-beg; i

111

Musta-beg, iz Novoga kapetan i drugi Krajišnici drže stranu Sirčiću. A Kulin-kapetan i drugi drže stranu Ali-paši, da on teskere ponese. I tako među njih raspra.

Zovnu mene i Čupića u pašin čador. Sedi paša, alaj-beg, novski kapetan Musta-beg i više Krajišnika pod čadorom. Onda kapetan poče: »Pope, od našega mira i ugovora nema ništa, kad vi među sobom niste složni. Vi hoćete Sirčića-pašu, pop Luka ište Ali-pašu, a i mi i sva ordija ne damo drugome; a Kulin i njegova orta ne da Sirčiću, no hoće Ali-pašu. I sva se ordija podelila na dve strane, i hoće krv da legne među nama. Zato neće ni jedan poći. No hajdete da vas izvedemo na ono mesto odakle smo vas i uzeli, a naše Turke da vratimo nama, pa idite i kažite: – Eto sve ordije i vezira (Ibraim-paše) u Šabac; i ko je raja neka dođe u Šabac, donese dugu pušku, dva pištolja, i nož veliki u liko svezano i neka u Šapcu izmet ordiji čini, pak kome bog što dade. – No odmah spremajte konje da vas lipo izvedemo i s naše vire skinemo.

Mi jedva dočekamo. Dok naši konji biše spremni, dođe oko 200 Turaka Krajišnika, sve mizdrak u ruci, po četiri po pet čelenaka za kapom krivom krajišničkom. Pođe on i alaj-beg, prate nas, i ništa nas ne čuvaju. Dođemo u Crnu Baru, odjašemo od konja, čekamo da naši dovedu ona četiri bega, da se razmenimo, no nema ih – a već noć. Počeše Turci pod jabukama klanjati akšam (njinu večernju molitvu); ni u po molitve ne svršiše al' povika alajbeg Sirčić: »Musta-beg! binja! binja! murtatluk (tj. jaši, jaši! prevara je). Sad će Vlâ opkoliti nas ovde daleko od ordije.« – Ja počeh govoriti da to nije prevara, no da naši nisu pogodili na koje će mesto one begove dovesti, i da se oni nikakve prevare ne boje. Dok ja toliko reči izgovorih, a oni svi prekidoše molitvu, i već na konjma. Uzjasmo i ja i Čupić. Pođosmo, a oni ti nas okružiše onako kao svatovi neveste, i pođosmo. Kad ja videh da idemo opet u ordiju, pade mi mraz na obraz; ali opet se prikučim njima dvojici i reknem: »Zaboga, begovi, nemojte tako da idemo obojica, no da se jedan vratimo u Šabac da one begove dovedemo na ovo mesto.« – »E – reče – ti ne možeš ići! A koji će drugi?« Ja kažem bar neka ide Čupić. »Dobro, Čupić može ići; neka ide, a ti ćeš s nama.« Ali se to razgovaramo sve u brzome jašenju. Vrati se Čupić i ode; ja sam ostadoh, samo jedan momak, Ivan Bugarin, nosi dva pištolja za pojasom. Sad oni se boje da momak ne ubije koga, a ne-će da mu puške uzmu, valjda da me ne plaše, no kapetan novski dotera konja blizo, pak reče:»Dede, đače, udri iz tvo-jih pištolja u onu jabuku; ako budeš pravi dal-krlukčija, biće ti pet dramlija u pištolju (al' su oni čuli da smo svakom podavali, kad smo malo pređe na Šabac jurišali, da u pištolje meću po pet dramlija); ako li ne budeš, a ono ništa.« – Neće momak. Ja povičem:»Udri, udri!« (Setim se da oni hoće da mu pištolje isprazne.) Poteže moj Ivan, svu jabuku našara dramlijama kao detô kljunom. – Novljanin:»Aferim, more, baš si dal-krlukčija« (koji rukom za golu sablju hvata). On opet:»Udri, more, i drugi.« Te moj Ivan i drugi.

Što većma pade mrak, to oni mene većma okružavaju. Kako dođemo u tabor, mene u čador, zapališe sveću, i jednoga pobratima pokraj mene, sedi, a oko čadora straža. Svuda sede Turci, puše čibuke, a svi ćute. Čujem ja gde se čibuci istresaju, ne vidim kroz čador. Zovnem moga Ivana, zapitam:»Šta je to okolo?« Kaže:»Ima pedeset Turaka, sede oko čadora, puše i ćute.« Veće vidim i sam sebi govorim:»E, moga oca sine, baš si dolijâ veće!« Pitam moga pobratima, koji često mi dolazi, čuva me i izlazi:»Šta je ovo, pobro, oko čadora?« – »Ništa, ništa, pobro, sastali se Turci te puše i jeglenišu.« Kažem ja da mi njihova jeglena nimalo nije mila; oni i lepših mesta imadu za jeglene, a ne oko mene; al' ko mi je kriv kad sam turskoj veri poverovao i ovde zapao. Moj pobra kune se:»Tvrda je vera, ne boj se ništa za tebe«, itd. – U toj se noći ne spava. Kako zoru opaziše, sva se ona sprema, da ja đoja ne vidim, raziđe. Ja onu noć u misli pođem sebe razgovarati i misliti: koliko ću ja za straotu znati? – toliko koliko me od čadora odvedu; a kako sabljom udare, više (se) plašiti niti straotu trpeti neću – to će odmah proći. A i moga su oca posekli, i na smrti je amanet ostavio da mu niko njegov Turcima ne veruje, ali sam ja njegov amanet zaboravio, no to iz nužde i za narod žertva, i svaki čas pogledam kad će dželat doći da seče.

Rano ujutru eto ti novskog kapetana, moga poočima, jerbo sam ga sinoć jošt uz put, kako smo se iz Crne Bare vratili, poočimio. Poče mi govoriti:»Proto, čujem ja da si se ti vrlo uplašio; ali ne boj se, pope: tvrda je turska vera, tvrđa od kamena; ja sam alis (pravi) Turčin Krajišnik, a nisam ka oni Bošnjaci koji dadu veru pa pogaze. Dokle god vidiš mene živa i moje Krajišnike, ne boj se tvomu životu, a kad poginem ja, i Ali-alajbeg i paša Sirčić i naše vojske, onda ti ništa pomoći ne mogu«, i proče (vojske oko 6.000 ima s ove strane Drine). – Kažem ja: »Poočime, ja to sve tebi verujem, ali sam se uplašio i ne mogu se osloboditi. Šta će onoliko Turaka oko moga čadora?« – Kapetan: »Ne boj se, tvrda je vera; ono je moja naredba, za tvoju i moju fajdu, a sve ću ti posle kazati šta je.« Kako je došao, doveo je svog momka Ivana, i sve trpa šećer po pun vildžan: »Pij, pope, to je dobro, to razbija kar.« – I tako ode, i često Ivana šalje te mi šećer i kafu donosi i razgovara. Ivan katolik u zakonu, pošten čovek. Bejaše Petrov post, a neki knez Ivan ispreko Drine donosi mi ribe drinske, i on me razgovara, ali uzdiše, ili je lukav ili vrlo žalostiv; to mi nije milo, gotovo bih voleo da mi ne dolazi s njegovim uzdisanjem. Dolazi mi danjom pop Galonja mačvanski. Vidim kako Mačvani dogone drva i travu. Čudi se pop Galonja zašto Čupić ne dovede begove. Dok sutradan dođe pop Galonja i kaza mi da Čupić ne sme nigde u vojsku da izađe. Hoće ga valjevske starešine i vojska da ubiju, govoreći: odveo našeg protu, predao Turcima u ruke, a on se vratio – i svuda ga po Kitogu traže, a on se sakrio, ne zna se gde je. Ja onako čekajući toliko dana i svaku noć onaku straotu oko sebe gledajući, već sam sebe pregoreo, ali mi je žao momka što ga dovedoh da on s mene pogine. Koliko žalim momka, koji će s moje pameti poginuti, opet žalim i konja gde ga dovedoh badava da ga Turci jašu, ni otet ni poklonjen; a ja šta sam tražio, našao sam.

Opet novski kapetan dođe i pita: »Pope, jesi li se što ogaretio?« – Ja mu opet kažem: »Poočime, ja se ne mogu nikako osloboditi. Da mi je srce kao u Kraljevića Marka, opet bi se uplašio gledeći toliku vojsku i oko mene toliku svaku noć stražu.« – Opet on siromah zaklinje se, veli: »Vidiš kolika je ova ordija?« Ja kažem da vidim i da nigda tolike video nisam. »Vidiš ovo polje? – Kažem: »Vidim.« – »Da baš vaši hajduci ona četiri bega i poseku, toliko neće se na ovoj ordiji poznati koliko da iščupaš četiri travke iz ovog polja. A što je tolika straža noćom oko tebe, to je zato: porodica i vojska onih begova koji su dole iskali su tebe da te vode njima preko Drine, da te oni čuvaju; a Kulin-kapetan i Ali-paša hoće da te parama ucene, zato sam ja metnuo više Turaka da te od njih čuvaju; a opet porodice ona četiri bega ne veruju nama, boje se da mi tebe ne pustimo, a njini begovi ne ostanu u hajdučkim rukama; zato je mnogo oko tebe, jer i oni šalju svoje te čuvaju da te mi ne ispustimo. Baš da ona četiri bega i poginu od hajduka, tvrda je vira na koju sam te doveo, ti se ne boj; tvoj mi krmak pred svom ovom ordijom na obrazu visio ako te ne izvedem na ono mesto odakle sam te primio; i stajaću dok ti uđeš u Kitog, pa kad dva pištolja izbaciš, onda ću znati da si na salamet izišao i s moje lipe vire skinuo; i posle koji koga more, i čija dublje zaseče (tj. sablja).« – »Sve to, gospodaru i poočime, ja verujem, ali ne znam kako ode Čupić toliko dana, niti dovede begove, niti kakva abra imam za čim stojim. No dajte da pošaljem moga đaka, neka ode i vidi za begove i dođe da nam kaže, pa posle šta će biti neka bude.« – E hajde nek iđe!« – Kažem ja da đak (veće i ja ga počeh zvati đakom) nikud sam otići ne zna. Odmah on nađe jednog Mačvanina; on nema konja. Kažem ja: »Eto moga konja.« – Kapetan: »A šta ćeš ti bez konja?« – Ja kažem: »Meni će đak opet dovesti.« Lepo spremim sve na konja. Pita mene Ivan kad ću ja doći, veli; ja mu kažem: »Kad pođe Čupić, onda i ti dođi i dovedi konja.« A već ja vidim da Čupić više neće na pazar; tako neće ni moj Ivan, ni moj konj doći.

Verujte mi, deco, kad ispratih i momka i konja, čisto mi ni pola muke nema. Kad momak moj verni neće s mene poginuti, a i konj neće Turcima ostati, a sebe sam osuđujem, šta sam tražio našao sam, ja već sebe pregoreo. Koliko me kapetan slobodi, ja jednako dželata pogledam. Dok jedno jutro dođe moj poočim, kapetan novski, brzo ide i naglo povika: »Muštuluk, muštuluk, pope: živi begovi!« – »Ta ja znam da su živi, no kamo ih da dođu, da se i oni i ja kurtališemo briga.« – Kapetan: »Be, kad su oni živi, sad mi nije brige, a ni tebi, makar kad došli. Ja sam se strašio da ih oni hajduci ne pobiju, pak onda bi mučno bilo i za me i za te. Sutra ćemo da idemo i da se razmenimo.«

Rano ujutro iskupljaju se Krajišnici, sve sa mizdracima, krivih kapa na glavi, skoro na svakoga kapi po dve i po sedam čelenaka. Ove čelenke daju veziri onome koji kaursku glavu donese. To mu je na glavi nositi kao neki orden, i po tom se poznaje koliko je glava neprijateljskih odsekao i koji je bolji junak.

I ovo sam zaboravio. Kada veće vidim da Turci hoće da dođu u Šabac, niti onolikoj sili možemo protivstati, odemo kod Širčića paše i reknem mu: »Vi, pašo, ako bog da, hoćete u Šabac da dođete i raju predate, i mi ćemo našu vojsku koja nas sluša od Šapca ukloniti. Ali vi znate da sada kod nas ima hajduka, Bošnjaka, Ercegovaca, Nemaca i drugih zemalja beskućaca, koji će u Kitogu dočekati i pobiti se sa ordijom, pa će se vojska razljutiti, a roblje je oko puta, pa će sve porobiti, pa će se narod uplašiti, pa vam niko na predaju ne sme. No izun daj nam da roblje od puta uklonimo.« – Paša: »A ti pošlji koga, neka se roblje ukloni s puta.« Nađem popa Galonića, pošljem da trči i zakaže roblju da begaju i mal gone u Cer, a drugi u Zasavicu. Kaži da će Turci da udare. Pop Galonja ode, i tako sve s puta uklone.

Zovnu mene u čador alajbega. Dođem, sedi sa njim moj poočim Musta-beg, novski kapetan, oba puše i ćute. Rekoše i ja sedoh; i mislim da hoće da me ucene koliko ću novaca im poslati. (A imao sam samo osamnaest dukata, i sve sam ih podavao, koje mome pobri, koje drugima, da doznam šta se za mene i narod govori.) Namislim da im obreknem koliko zaištu, samo da se kurtališem živ. Pozadugo ćutaše, dok reče Musta-beg: »Kaži mu, alajbeg!« – »Jok, vala, kaži mu ti.« – Onda kapetan poče ovako: »Pope, da ti kažem jednu ćaiju (tj. pripovetku). Bio jedan kralj – veli – i vojevao i mnoge zemlje pouzimao, i došao do jedne zemlje, slušaj dobro, kojom jedna kraljica vlada. Onaj kralj napiše knjigu onoj kraljici, ište da mu dade nekoliko gradova, a nekoliko da ostavi za sebe; pak ne dao mu šejtan (đavo) da pošlje knjigu po saiji (knjigonoši), no uzme te sveže praporac na nogu, pak sobom sam odnese kraljici knjigu. (U Turskoj adet je: koji knjige nosi on sveže na nogu praporac, pak slobodno svuda ide, niko mu na put stati neće, i zove se saija.) Ta je kraljica imala dva sina u vojsci, i toga saiju propuste, i knjigu odnese njihovoj materi kraljici. Kad uđe u odaju (u sobu) gde kraljica sedi, da joj knjigu i kaže pozdrav od njegova kralja. Kraljica knjigu prouči, osmehne se, pa reče: »E, kralju, šta ti je jošte murat (volja, želja)?« – Kralj: »Bog s tobom, kraljice, nisam ja kralj veće njegov poslanik: istina da sam na kraljev oblik nalik, zato me kralj šalje tako velikim kraljevima i kraljicama, te im knjige odnosim.« – »Jok, jok, ti si taj i taj kralj.« – On se odriče. Ali je kraljica vrlo mudra

116

bila, pa je poslala nakaša (molera) te kraljevo sure izvadila, pak u drugoj sobi drži; zovne kralja u onu sobu pak rekne mu:»Ogledaj se u ovo ogledalo, pogledaj sad u ovo sure (obraz). Čije je ovo sure?« – Vidi kralj da ga je kraljica poznala, pak onda uhiti (ufati) kraljicu za prsi, poteže anđar da ubode, i reče:»Baš jesam kralj i vidim da ću poginuti, ali i ti nećeš živeti.« – Kraljica poviče:»Dur, dur (stoj, stoj)! knjigonoša ne ima zarara. Ja ću tebi dati knjigu, te ti prođi kroz vojsku mojih sinova; ali kad znaš pisati, napiši knjigu, podaj saiji drugi put neka nosi, a ti nemoj sam pisati, sam odnositi, jer da je ikakav saija gdegode poginuo, ja bih tebe ubila. I opet kažem ti, napiši knjigu, pa ne nosi sam, no po drugom šalji.«

Ovo je za mene pripovetka da ne budem drugi put knjigonoša. To je dosta od Turčina soveta. Eto moje kazivanje što sam vam obećao. Sad onaj moj san tolkujte kako hoćete; ja ga tolkujem ovako: što je bila odsečena glava i u rukama sam nosio – to je što sam otišao u Turke, odneo je sam u rukama; što prvi put metah na vrat, pritiskivah i ne može da priraste – to je ono što nas prvi put Turci izvedoše pak se ne promenismo; no me Turci vratiše u ordiju – to sam opet moju glavu nosio u rukama; a što je posle prirasla – to je što su me Turci posle po drugi put izveli i razmenuli. Slava bogu na njegovu daru, bez koga, se, tj. bez boga, ja nikad ne bih odande izbavio! To je bilo malo posle Petrova dne.

Sad pođe alajbeg i moj poočim Musta-beg N. i poviše od 200 Turaka, kako sam kazao, sa mizdracima i malo u koga nema bele brade. Nađoše meni mačvanske kočije. Ja se vozim, a Turci jednako okružili oko kočija. Dođemo u Crnu Bairu. Opazimo našega kneza Kedića i Cincar Janka, popa Nikolu Smiljanića i više kapetana i konjika. Među njima stoje ona četiri bega. Sad novski kapetan otrča na hatu k njima; od naših iziđe Kedić i Cincar Janko pred njega; poviču:»Ne idi, Turčne, bliže kad nismo veru uhvatili.« – Onda kapetan uze vezen jagluk, baci Janku u ruke:»Eto vira!« – Cincar Janko razvije jagluk i rekne:»Ovo je marama, kamo prota, prota?« – Kapetan:»Tu je vira zavezana, sad će i prota doći.«

Počesna ova moja parada sva stoji na konjima, ne sme niko da sjaše. Dok Musta-beg preko volje dotrča i poče vikati Turcima:»Sjaš'te braćo, sjaš'te, braćo!« A oni svi uglas:»A

117

kako ćemo, kapetanu, sjâti, kad eno Vlâ puna planina?« On siromah maše na sve rukom: »E, sjašte, braćo, turske vam vire! Vlâ se uplašio, hoće da biga, pa će nam begove odvesti ili pobiti.« – Jedva (ih) siromah oslobodi te posjahaše; ali svaki pokraj svoga konja stoji i mizdrak u rukama drže, kako bi odma uzjahali. Ja ti odovuda na kočija, a četiri bega odonud; sretnemo se nasred polja, pitaju me veseli: »Kako ti tamo, proto?« – »Hvala bogu, dobro. Kako je vama bilo?« – »Šućur bogu.« – Ja mome poočimu Musta-begu blagodarim, i na hata uzjašem i dođemo pod Šabac u Topolik. Ovo je bilo julija[1] 1806. godine.

X

Pišem gospodaru Đorđu opširno kako je amo i da Turci hoće jamačno doći u Šabac, jerbo je vrlo mnogo Turaka, niti mi sami možemo im zabraniti da u Šabac ne dođu, i da ćemo mi ovu našu vojsku istupiti od Šapca za Dobravu, da u narod ne pustimo.

Jakov je otišo na Zabrežje volove prodavati, koje smo po narodu pokupili za džebanu, i džebanu primiti. Ja i pop Luka krenemo vojsku ispod Šapca sa Dumače i u Vučijevici namestimo. Treći, četvrti li dan, zaboravio sam, dođe vezir i pet paša i sva ordija u Šabac[2]. Napuniše sve šabačko polje. Prosuše puške pucati i po sata su neprekidno pucali, kao naša parada što bez komande puca, i šest topova jednako, zato da bi našu vojsku većma poplašili.

Međutim, došlo je pismo od gospodara Đorđa da je on razbio na Moravi Turke i da u Topoli kupi vojsku i da će nam skoro doći.

U koji je dan bosanska vojska pošla za u Šabac, u onaj isti dan Hadži-beg Srebrnica izišao na planinu Rožanj prema valjevskoj nahiji, poslao, i nekoliko sela ozgo zapalio. Kad vojska dimove opazi, oni noćom svi otrčaše svoje familije uklanjati s puta.

---

[1] U prvom izdanju stoji pogrešno: junija. (Lj. K.)

[2] Na drugom mestu Prota piše: »U Petrov post vezir i 6 paša dođu na Badovince s vojskom golemom, pak u Šabac. Mi odstupimo od Šapca u valjevsku nahiju.« (Lj. K.)

Pisali smo i ja i Luka Jakovu kako je kod nas, kako Hadži-beg od Sokola pali valjevsku i komad šabačke nahije, i on je pisao Katiću i knezu Simi da dovedu indat, i počeli se u Drenu – selu valjevske nahije – skupljati. Ja čujem da je Karađorđe došao na Beli Brod, i odem k njemu. On vodi sa sobom kneza Teodosiju iz Knića i Gružana oko trista vojnika; Milan i Miloš Obrenovići s Rudničanima, i gornji kraj beogradske nahije. Dođem ja. On doboga ljutit; samo sto se pozdravismo, pak opet ćuti. Malo posle pita za vojsku. Kažem: kako gornji kraj opazi gde Hadži-beg pali kuće, a oni otrčaše da roblje uklanjaju; a Posavina kako vidi, onda i oni utekoše; no odoše Jakov i knez Sima i nanovo u selu Drenu kupe i čekaju Katića Janka, i ko je gode pobegao opet svi u vojsku dolaze. – »To nije istina«, reče, »kod Jakova nema nikoga!« I on posla Stefana, svoga momka, da vidi; ode Stefan i dođe i kaže: kod Jakova ima i kod kneza Sime 4.000 vojske; on o tome kaže: »Nije istina!«

Da, odmah me je zapitao: »Kamo ti hat?« – Kažem: »Poslao sam u Zabrežje da se malo poizleči, gde ga je tane malo udarilo na Šapcu s Turci bijući se.« – »Nije, nije – veli – onaj tvoj hat beli, no onaj što su ti Turci poklonili i 400 dukata.« – Ja kažem: »Da su mi hata poklonili, ja bih ga doista dojašio, a dukate bih doneo, ali nisu, no sam ja mojih 18 dukata potrošio, a da sam imao, i više bih potrošio, gde sam zapao i u kakvoj muci i strahu bio.« – »A, kojekuda, ko tebe posla u Turke? Ti ide po Petroburgu, ide po Beču, pak ode u Turke da sve tajne pokažeš.« – Ja kažem da ne bih nikakve tajne otkrio makar poginuo. – »Enede! a kad Tura metne na muke, kako ne bi kazao? Ko te posla? Zar nisi imao koga poslati i zavaravati Turke, već sam sobom da ideš?« – Ja mu kažem: »Gospodaru, mi smo vam poslali i javili da Turaka sada je pošla najveća sila, da sami ne možemo protivustati, i da oni govore da ako primimo teskere i rajaluk okabulimo, da će se oni vratiti. Tako dođe Čupić, i s dogovorom sviju ja sam otišao s Čupićem. A našim odlaskom mi smo ih na Drini zadržali barem dvadeset dana, ako ne više.«

Uze on malu čuturicu, napi se, pak pruži meni. Ja prinesoh ustima i ne mogoh se napiti. Pomislih: Bože moj, kako je Karađorđe mogao pomisliti da bih ja uzeo od Turaka 400 dukata, a da njemu ne bih kazao! I same suze zališe – ne mogah se rakije napiti. Spustih čuturacu pokraj njegova kolena, ustah – a on samo pogleda – i odoh pod jednu šljivu, nabijem džube na glavu, i tu ne znam koliko sam plakao i suza izlio; uto i zaspim. Rekao mu Popović Pavle iz Vranića: »Javi mu se, gospodaru, crče plačući, žao mu je.« – »Neka, neka, kojekuda, neka zna drugi put kako će u Turke ići. Zar je malo drugih ljudi da ih šalje kuda vidi da ih treba slati?« – Probudi mene Popović Pavle: »Hajde – veli – zove te gospodar.« – Ustanem, umijem se, dođem. On sedi i Milan i knez Teodosije iz Knića, i Pavle Popović. Sedoh i ja, a on odmah: »Eto valjevska i šabačka se svi poplašili i zbrkali, a ovaj (rukom na mene) sve što je radio i pisao sve je dobro bivalo, pak sad neće ni on, a šta ću ja sam da radim!« – Ja onda reknem: »Gospodaru, ja sam, istina, kod vezira govorio da smo mi svi caru pokorni, i da ćemo primiti haračke teskere, i caru harač dati, eda bi vezir vojsku dulje zadržao, dok i vi na Moravi Turke razbijete i nama dođete. A da smo Turke bar 20 ako ne više dana našim odlaskom zadržali, te u Šabac nisu došli, to ćete posle se i od drugih osvedočiti. A sad su mene kod vas opali da sam od Turaka novce uzeo, i da mi odsad, ni ti ni drugi, kao neveri verovati kao dosad nećete. Zato mi je žao, zato sam sada u ovom magnoveniju zbunjen i smućen, od mene ništa zasad ne gledajte, niti mogu kao dosad što raditi.« – »Ene ga sad! Ja ne kažem da si neveran meni i narodu. No kažem da si lud. Zar ti je malo drugih ljudi, makar i vojvoda, da šalješ, a ne ti sobom da ideš sam«, itd. Vidim i ja posle da nije sasvim od mene pametno bilo i od Čupića, ali je probitačno, jerbo smo zadržali Turke više od 20 dana, dok i Karađorđe dođe. »Kuma-Stevo – povika – donesi divit i hartiju!« Donese Steva njegov. »De – veli – uzmi, pa piši kome znaš i kako znaš.« Odem ja sada pod šljivu gde sam plakao. Pišem knezu Peji u Zabrdicu i kažem da je: » ... gospodar Đorđe prešao Kolubaru na Beli Brod, i da se ulogorio u Lajkovcu, i da je doveo 12.000 vojske i petnaest topova (samo sa dva topa došao je, ali tako je onda valjalo 1... ti), i da će 4.000 vojske i pet topova poslati na Ub, drumom, bliže k Šapcu; i da je on čuo da se Hadži-beg ušančio u Bratačiću valjevskom, i da kod vas nema vojske, zato će gospodar Đorđe odavde pravo u Valjevo sa ovo osam hiljada vojske i jedanaest topova, iz Valjeva upravo na Hadži-bega da ga razbije, pa koga kneza blizo Hadži-begova šanca ne zastane i svu njegovu vojsku u gomili, taj će knez na mukama umreti; a koji se vojnik ne nađe u svojoj vojsci, taj će vojnik pred njegovom kućom na kolu biti. No se glavama igrati nemojte; svak svoju vojsku, koji pušku poneti može, u gomilu, pred Hadži-bega! A eto gospodara, sutra ćemo odavde poći; pošli bi danas, ali ne možemo da volove odmah iskupimo koji će topove vući. Ja sam njemu kazao da vi kod sebe imate vojske, no nisu svi, ali ste vrbovke poslali i dogonite vojnike. Zato opet velim: ako kod vas ne bude sva vaša vojska na broj, ti ne možeš živ ostati, a i mene će poseći što ga varam. A on ima dosta vojske, i bez vas može Hadži-bega razbiti i na Drinu nagnati. U Lajkovcu, julija 1806. (zaboravio sam datum), Prota Mat. Nenadović. (*Ovo je Karađorđev dodatak:* »P. P. Gospodar Đorđe poslaće svoje momke tajno preko sela, i koga nađe kod kuće, onde će ga ubiti i na točak metnuti a kuću zapaliti. Ovo ti tajno pišem za tajne momke, da ne bi koga kod kuće zastali.«)

Drugo tako isto pismo napišem knezu Milovanu Grboviću; treće knezu Miliću Kediću, četvrto Mijailu Nediću buljubaši. Odnesem njemu pisma, pročitam. »E, tako, tako!« reče. Pošljem po momcima svakom.

Dok mi drugi dan iz Lajkovca u Valjevo dođosmo na konak, ali nam kazaše da svi su oni kojima sam pisao u skupu s vojskom pred Hadži-begom kod Bratačića. Rano ujutru posla gospodar Đorđe Milana sa njegovom vojskom i njegovim bratom Milošem Obrenovićem, Lazarom Mutapom, Jovanom Kursulom, i odoše u indat Kediću, Grboviću i knezu Peji. – Sutra ujutru rano povika gospodar Đorđe: »Hajte, spremajte, da idemo Bratačiću.« – Počeše spremati momci, a ja iskupim glavne ljude, tj. kneza Teodosiju, buljubašu njegova Milovana iz Garaša, Hadži-Melentija (Stefanovića), arhimandrita račanskog (jerbo je Karađorđe ljutit i u brizi, Turci sa sviju strana; slabo s kim govori) i reknem: »Hajdete da govorimo gospodaru Đorđu da on ne ide sobom gore, no neka sedi ovde. Ako razbije Hadži-beg naše, svi će ovde doći; ako li ode gospodar, i bože sačuvaj da Hadži-beg razbije Karađorđa, onda sve propada.« – A oni kažu: »Mi mu ne smemo govoriti, a ti, ako smeš, govori«; a spremaju. – Mučno meni da on ide. Pak odem njemu i reknem: »Gospodaru, mi smo se svi dogovorili da ti sobom ne ideš gore. Jer ako Hadži-beg razbije našu vojsku, to je ništa, kao jednu četu, i opet će se sva vojska ovde oko tebe skupiti, ako li ti ideš, pak, bože sačuvaj, da tebe razbije, a on više vojske ima nego u nas, onda bi pukô glas da je Hadži-beg razbio Karađorđa i naše vojske i narod gde je gode koji svi bi nadeždu izgubili, a Turci se oslobodili i posle konečna propast svima kad glava strada.« – »E, čiča-proto, tako je, to sve i ja znam, ali će reći: ne smede Karađorđe da iziđe Hadži-begu na bitku, a kako će sutra veziru i svoj Bosni izići!« Mahnem ja rukom, dođe Hadži Melentije i Teodosije, počnemo svi govoriti koliko smo bolje znali, da ga ustavimo; i on odobri bar danas da se zadrži, da čujemo za našu vojsku koja je pred Hadži-begom kako stoji. Tako prestade spremanje.

Prođe po sata, a njemu dođe opet uja, povika: »Spremajte!« Brže obališe čador. Ja opet pokupim ono moje društvo i dođemo moliti, od svake ruke dokazivati da za njega nije danas putovanje, bar dok naša vojska gore učini probu na Hadži-begu itd., i odobri. Ovo je bilo pod Kličevcem u Valjevu, na mestu gde je sada kula. Poćuta malo, pak povika: »Kuma-Stevo, hajde uzmite taj top, pak otidi sa čiča-protom, Groboviću i kuma-Milanu u pomoć!« (On je mene često čiča-protom zvao.) Mi spremimo top i oko 60 konjika, pođemo; on ostade i kod njega knez Teodosije iz Knića, i sa njima oko trista vojnika.

Ja i Steva (Jevtić) (njegov pisar) odemo, i na jedan sat i po, blizu logora, čujemo puške mnogo pucaju. Poznamo da je boj. Pohitamo što brže. Dođemo do Milanova šanca. Milan uvuče top u šanac i kaže: »Turci su naše razbili, i eto naši begaju.« Ja sa ono 60 konjika istrčim na brdo, imamo šta i videti: naši niz jedan potok šumarom begaju, a Turci s obe strane poljem, opkolili konjici, a pešak za našim kroz čestu trče i biju. Mi sa brda svi uglas povičemo i nekoliko pušaka opalimo: čuše i videše Turci nas i pomisle da za nama velika vojska ide, pak pobegoše natrag, a naši, kako ih mi sretosmo, okuražiše se i za Turcima. Od rečice (ta je rečica po sata od Hadži-begova šanca) naša se vojska opet povrati i terajući Turke i ubijajući sateramo u šanac. Obilazimo sa dve strane. Knez Grbović Milovan i Miloš Obrenović s vojskom (jer je Milan u šancu) od istoka; ja s ono moga društva pređem od juga, i Mutap, Živko Dabić i Jovan Kursula. Mi smo se na jednom bregu u planini nadneli nad turski šanac i tučemo u šanac, i dobre puške lepo u šanac dobacuju, i koja zgodi ubija. Dođe nam iz šanca kroz čestu neki dobar junak, Gača iz Skadra, sokolske nahije, koji je Hadži-begu na tiru hranu odneo (jerbo je sokolska nahija jošte političfno pod Trucima), i on iz svoje dobre šešane nekoliko izbaci i jednoga ubi u šancu. Jedan povika od naših: »Aferim, Gača!« – »Ćuti – veli – dušu ti; ne viči *Gača*, veće viči: *udri, Đuro,* jerbo ću ja sad Hadži-begu opet u šanac.« I Turci pucaju iz šanca na nas, no mi smo grmenje uhvatili busiju, i samo gdekoga rane, koje mi pošljemo u šanac. Tako smo se tukli dobra tri sata, dok jedanput pojaše sav turski konjik i ode severozapadu. Razgovaramo se: kuda će? da neće Šapcu? – i veće zađoše za brdo. Prođe, reci, jedan sat, a oni obišli uz jedan potok, pak jurišiše na Grbovića i na Miloša s leđa, a pešak iz šanca; onda naši nemadu kuda no pravo kroz konjike. (Tu pogine naš knez Peja i dosta drugih.) A drugi turski pešaci iz šanca podiđoše pod nas pucajući uz brdo, a ovi drugi navališe na nas i mi brdu barjak okrenemo, tj. Mutap, Kursula, Živko Dabić i ja i ono naše vojske, sve planinom Kokorovom. Već naši Turci ne trčaše daleko za nama. Dođemo u šanac Milanu u mrak. Na tom boju pogibe naših poviše 60, ali i od Turaka i od 300 više, kako nam je posle Gača kazao. Uhvati se mrak i prođoše dva sata, dođe nam Gača iz Skadra i Nikola iz Progorevca, koji su tek iz turskoga šanca izišli, i kažu: »Hoće Turci noćas da begaju; dajte vojsku da namestimo pokraj puta u busije, da se siti natučemo noćas Turaka.«

Milan ne da, no kaže: »Ovo su turski špijoni, hoće da našu vojsku Turkom izdadu.« Ja kažem da su ovo naši prijatelji, »njih dobro poznajem, i ovaj Gača vas dan je s nama bio i Turke tukao«; aja, ne veruje i ne da. U šancu se zadržimo, ranjenike ispratimo koje u Valjevo, a neke svojim kućama. – Zovnem ja Mijaila Nedića iz Osječne buljubašu, i reknem njemu da uzme vrednih momaka, koliko više može, da ide da zapali tursko selo Petrc, Hadži-begu iza leđa. On to posluša, i ode sa 200 momaka. U taj čas dođe meni pismo od Karađorđa. Ukratko piše: »Kako – veli – primiš ovo pismo, taj čas hajde ovamo, i povezi top, a ta vojska gde je neka stoji do druge zapovesti.« Ja onaj čas pohitam s topom i osvanem kod njega u Valjevu. Putujući onu noć, vidim ždraku što je Nedić sav Petrc popalio. Kad vidi Hadži-beg vatru iza leđa a vojsku pred sobom, on ostavi šanac u Bratačiću i pobegne natrag na Rožanj. Nedić, popalivši Petrc, opazi gde Turci pobegoše, udari na stražnje i dosta ih pobije i pljačke i konja uzme. Ja ostavim momka, da mi, kad svane i razbere jesu li Turci pobegli, kao što nam kaza Gača i Nikola, ili jošte u šancu stoje, haber donese.

Kako se sastanemo s Karađorđem, kažem gornja opstojateljstva, i reknem: »Nadam se da će Hadži-beg pobeći, jerbo nam dobri naši prijatelji kažu«; i da će moj momak rano haber doneti za Hadži-bega. – Karađorđe: »E, moj čiča-proto, evo i gore nevolje: udarili Turci od Šapca, i naša se vojska pobila i Katić Janko poginuo; a drugo, ništa ne znam kuda je naša, kuda li je turska vojska okrenula. No gde ću ja daniti i čekati dok bolje razaberemo o vojskama?« Ja kažem: »Gospodaru, u Kosiriću kod mojih vodenica, onde ima za konje trave, u vodenici brašna, mogu momci hleba namesiti.« On ostavi mene i kneza Teodosiju viš' Valjeva sa ono 300 Gružana, s topom, da onde čuvamo ako bi Hadži-beg prodro i u Valjevo došô. Ja mu kažem: »Gospodaru, meni će momak doneti haber ozgo i, ako bude Hadži-beg noćas vratio se natrag, ja ću izbaciti pet topova; ako li bude osvanuo u svome šancu ja ću izbaciti tri topa; ako li bi, sačuvaj bože ovde prodro, vi ćete čuti i više topova.« On uze oko stotine svojih momaka i ode.

Tek prošlo četiri – više li, manje li – sati, dotrča meni u Valjevo momak: »Muštuluk, veli, Hadži-beg noćas uteče natrag na planinu.« Ja odmah ispalim pet topova da čuje Karađorđe da je Hadži-beg pobegao, da se zna po tom opstojateljstvu vladati, i opet pošljem momka da mu iz usta kaže. No on, kako je čuo pet topova, sve je znao. Uverio se da se Hadži-beg natrag povratio. Eto ti njegove pisme. »Kako primiš – veli – pismo, kreni vojsku svu i top, hajde pravo na Ub i gde budem čućeš, da me stigneš.« Ja se odmah krenem sa kneza-Teodosijem, povezemo top i onaj dan prođem kasabu Ub, i u noći stignem ga u Ljubiniću na konaku. Sutra u Orašac na konak, gde nam dođe Jakov i knez Sima iz Beljina na dogovor, i više buljubaša, i oni opet u Beljin odoše; mi noćimo, sutra dođemo i mi u logor u Beljin.

Kako je Karađorđe čuo da je Janko Katić poginuo, odmah je poslao svoja četiri momka da dođe brat Jankov, Marko, Janku na mesto, i povede od svoje knežine svu vojsku. Jerbo kako je Janko poginuo, i mrtva ga otpratili, sva je njegova vojska vratila se kućama, govoreći: kad nemamo našeg starešine s kime smo se naučili vojevati.

Hajde deco da vam nakratko i o smrti Jankovoj štogod prepovedim. Dok se Karađorđe bavio kod Valjeva, a mi gore oko Hadži-bega, bosanski vezir i sva velika vojska od Šapca krenu se putem k Beogradu (Asan-paša držao je desno krilo preko sela i palio), dođe u selo Mesarce, gde Jakov, pop Luka i Janko Katić predsretnu ga i pobiju se, i, po žestokom boju od obe strane, Asan-pašu razbiju i poteraju ga k Šapcu natrag. U tom teranju sustignu jednog starca, salete i poviču: »Predaj se, predaj se, Turčine, ne gini ludo.« A Turčin poviče: »Kome da se predam, koji vam je starešina?« – Vojnici poviču: »Predaj se Katiću Janku« (koji se tuna na blizu trefio); i Janko dotrči sa zapetim pištoljem u ruci, natrči na Turčina i sam poviče: »Predaj se, Turčine, baci oružje; ja sam Janko Katić.« Turčin reče: »Predaću se«, i čujući ime Katić, a znao je kako Janko hrabro Turke seče, potegne iz svoje male puščice te Janka na mestu ubije. Sad naš komšija i paroh, pop Panta, skoči s konja i starca sveže. Ovu sam puščicu gledao u popa Pante; malo je duža od jednog aršina, ne valja tri groša. Ovo mi je 'vako kazivao pop Panta, a i više ljudi koji su onde bili. A i starac je malo više valjao nego njegova puščica, ali, prokleti, ubi onako mudroga i preko mere hrabroga junaka Katića Janka. Ovoga Turčina starca, kako je došao u logor, Marko, brat Jankov, za svoga brata posekô je.

Dok se to gore razmrsivalo, dotle vezir sa velikom vojskom drumom prođe, dođu u selo Ušće kod Save i padne oko rečice Vukodraži, koja deli valjevsku i šabačku nahiju, na konak. Dočuju to naši, pobace Asan-pasu više terati, neka ide sam, a oni se povrate za vezirom, nađu ga na konaku i svu noć iz šume tukli iz pušaka; a kad zora bude, oni se dalje u šumu uklone, jerbo je u Turaka vrlo mnogo vojske i topova, koje su svu noć na naše bacali, i đuleta i kartače, a u naših nije topa bilo. – Sad vezir videći kako naši noćom napadaju i biju, a možda je čuo da je Asan-paša razbijen, ostavi put k Beogradu, vrati se natrag i, brzo terajući, opet dođe u šabačko polje na svoje staro mesto.

U to vreme, čujući to Miloje Petrović, koji je imao šanac kod Beograda u Ciganskoj bari, kud protiče Mokri Lug u Savu, da su Turci od Šapca pošli k Beogradu, i Beograci često na njega udarali, vrlo se bio poplašio sa ono malo vojske i bećara; ali se opet hrabro branio i održao šanac, dok je doznao da su se Turci gore razbili na Vukodraži.

Hajdete opet gore. Kad iz Orašca dođemo u Beljin u logor, zastanemo i Milana da je njegovu vojsku doveo. (Jerbo kako je čuo Karađorđe da je Hadži-beg stuknut natrag, pisao je i poslao svoga momka da odmah s vojskom dođe a da ostane Grbović Milovan, i Kedić Milić i Nedić da čuvaju da se ne bi Hadži-beg povratio k Valjevu ili pošao na Šabac, nama za leđa.) Sad u Beljinu u logoru predanimo. Tu je Karađorđe: ljutit, slabo s kojim govori, sve ćuti. Dok mu nešto pisar njegov valjda je skrivio – on đipi, pak ti moga Stevu batinom, batinom; niko ne sme da se prikuči, da moli, a od njega se ne otima. Dok već u neko doba potrčasmo moliti i Stevu oturismo, te pobeže, a on krdžalinku dovati da ubije, a Steva se umeša u vojnike i tako se spase. Sad sva i vojska, i vojvode, i kapetani gledaju to, i jedan s drugim šaplje: jaoj, brate, kad on od svoga momka i pisara tako radi, ja šta će od nas, ako skrivimo, biti. Uđe sloga, i, da je rekao onda: hajte svi na Savu, da pregazite – tu se ne bi smeo naći jedan koji ne bi Savu nagazio, a to li na Mišarsko polje.

Tu nam u Beljin dođe Miloš Stojićević Pocerac (do to doba nije bio znatan), od svojih Poceraca poutekô. Sad Karađorđe obu opanke i pušku na rame pa peške, i mi, nas oko sto pedeset, za njime, premda se njegov konj, dorat, i naših nekoliko konja, a i moj, poizdaleka za nama, vodi; ali mi svi u opancima za njim peške uz Dobravu, kud nas Miloš provodi, više šumom nego poljem, do Cera planine, ispod Cera dođemo u Dvorište Miloša Obilića. Noćimo. Od našeg društva otide nekoliko momaka kroz Kitog, na drum kuda Turci već iz Bosne slobodno u Šabac prolaze; pobiju se i donesu pet glava turskih. Onde su dovedena tri kmeta pocerska koji su išli u Turke i hranu nosili. Pita Karađorđe: »Čije se ovo Dvorište zove?« – Kažu: »Zove se Miloša Obilića, vojvode pocerskog. Dvorište.« – »E, kojekuda, posecite ovu trojicu, turske udvorice koji vole Turcima nego svojoj braći Srbima; a ovo neka bude (rukom na Miloša Stojićevića) vojvoda Miloš Pocerac, Milošu Obiliću na mesto! A vi, Pocerci (okrete se njima, jerbo je onde s Milošem došlo nekoliko, oko sto, Poceraca) vidite kako ova trojica platiše svojim glavama koji vole Turcima, nego svojoj braći Srbima; tako ćete i vi svi koji odsad ne uzasluša ovoga moga i vašega vojvodu Miloša. A ti, vojvoda pocerski, ako moje zapovesti ne ispunjavaš, ovim ćeš tragom proći.« Pokloni se Miloš i pođe mu ruci; on ne dade ruke, no se u obraz poljubiše. – I reče Miloš: »Gospodaru, sto života da imam, svih ću sto izgubiti, a tvoju ću volju i zapovest do smrti ispunjavati.« – Stoje oni Pocerci u najvećem strahu, gledajući onu trojicu bez glava, dok jedan reče: »Gospodaru, nismo imali među sobom svoga vojvode, oprostite nam dosad, a odsad mi svi za našim vojvodom a on za tobom u goru i u vodu!« – A i drugi svi: »U goru, u vodu, za našim vojvodom!« Ori se stotinu i više glasova, da čoveku i suze poteku. – »Eto, kojekuda, da je prosto, a odsad da vas vidim! Čuvajte se da vam u take gosti ne dolazim.« Svi mu se, i mi i Pocerci poklonismo i blagodarismo. Pocerci pođoše ruci; on se po s nekim u obraz poljubi. Te ti bogme i mi s vojvodom svi i sa svima ljubi se u obraze (kao dobra familija na Božić oko pune sofre): »Naša braća, naša braća! Hristos posred nas!«

Vratimo se u logor. Kad sutra da vidiš naše braće Poceraca sa svojim vojvodom – nagrnu kao skakavac u logor! Ne verujem da je koji smeo ostati, već ako kakav vrlo prestareo da sahrani onu trojicu posečenih. – Eto šta u svoje vreme važi pametna strogost: pogubiti trojicu za sačuvati hiljadama. Istina da meni ne pristoji ovako misliti i govoriti, ali i Hristos spasitelj sebe je dao na smrt da spase sav rod čelovječeski. Tako je i Karađorđe radio. Prikučimo se pobliže Dobravi; Karađorđe nađe jedan proštac sebi iz livade, i zapovedi da svaki vojnik pešak i konjik, nađe proštac i pregotovi koga puška ne može probiti. Ovo je (gore pripovedano) bivalo od maja 1806. do 30. julija. Pođemo 31. julija; dođemo na Mišar; po priličnom boju načinimo šanac.

PROTA MATEJA NENADOVIĆ

(1777–1854)

Prozno pričanje Prote Mateje Nenadovića, nastalo u trenucima tihog zanosa istinoljublja i neke patrijarhalne etičnosti – da se u svemu što je ljudsko i uzvišeno ostavi trag za potomstvo – predstavlja klasično delo srpske memoarske literature. Pisani kao neka vrsta amaneta prevashodno svom potomstvu, Protini *Memoari* i nehotice ostvaraju jednu od osnovnih pretpostavki literature: da se u životu, koji je trošan, i u sudbini, koja je tako promenljiva, ostavi trag dovoljno moćan da se održi u vremenu i dovoljno istoričan da se u svakom ljudskom specifikumu potvrdi!

Ovo, u stvari, egzistencijalno-ontološko određenje literature bilo je, naravno, Proti Mateji nepotrebno a, s obzirom na njegovo književno obrazovanje, i nedostupno. Protu je, čini se, izazivala samo istina i neka čudesna potreba da se o stvarima istorijskim mora govoriti samo činjenično. A u takvoj situaciji, kada su se i život i istorija pretvarali u legendu, u mit, Protin izbor bio je jedino moguć: u svemu što se doživelo pronaći i izdvojiti istinu jer jedino ona može potomstvu zatrebati čak i onda kada je njen sadržaj neverovatan i nadstvaran. Sama činjenica što je ta strast za istinom umetnički uspešno oblikovana, govori kolika je bila književna i istorijska zrelost Prote Mateje Nenadovića.

Prota Mateja je genije intuicije. I onda kada predvodi ustaničku vojsku i onda kada lukavo pregovara sa neprijateljem. Njegova intuicija ima nešto od one naše narodne, predačke mudrosti – da se u svemu ostane na svome – makar to bilo najveće nacionalno i individualno iskušenje. U trenucima njegovog stvaralačkog zanosa ta intuicija je zaista delotvorna: u mnoštvu istorijskih podataka Prota Mateja izdvaja samo ono što je bitno ljudsko i što se zaboraviti ne sme. Možda je taj strah od zabora-

129

va bio onaj stvaralački agens koji je Protu Mateju podstakao da u poznim godinama života napiše veliko zaveštanje o jednoj velikoj epopeji. Ogromni heroizam jednog ustaničkog naroda morao je da odjekne u Protinoj duši, ali ne samo slobodoljubivo, kao u duši ratnika već i stvaralački kao u duši pravog pesnika.

Protini *Memoari* nisu, dakle, samo impozantna istorijska freska na kojoj prepoznajemo mnoge scene i događaje iz Prvog srpskog ustanka. To je, po jednoj neodoljivoj poetskoj sugestiji, po neočekivanim imaginativnim gestovima maštovite Protine ličnosti, pre svega i iznad svega, jedinstveno *poetsko* tkivo koje u svojim istorijskim i imaginarnim dubinama sažima vreme i sudbine. To je odista jedna *poezija činjenica* koja, i kad se nije potpuno oslobodila potere za istorijskim idealom, poznaje ustaničku stvarnost Srbije kao jedinu egzistentnost nacionalnog i geopolitičkog bića njenog. Ako kažemo da je ta egzistentnost u godinama Prvog srpskog ustanka bila dovedena u pitanje, onda se i indirektno može naslutiti sva kritička napregnutost pisca ovih memoara, ne samo pred sobom već i pred istorijom.

Strah od istorijskog suda, pouzdanog i neprikosnovenog, prisiliće Protu Mateju da prikuplja mnoga pisana dokumenta iz doba svoga vojevanja da bi oni, kako sam kaže, koji bi »bezpristrasno o našoj istoriji pisati želeli, mogli lakše k pravoj istini doći bez koje istorija nije ništa drugo nego pripovetka o izmišljenim dobrim ili zlim delima neizmišljeni no istoriski lica i imena ...«

Ti dokumenti koje je Prota Mateja sakupio i sačuvao (oko 700 pisama, govora i ratnih izveštaja), pisani nevešto i na brzinu, postaće kasnije ozbiljan materijal za istorijsko rasuđivanje o velikom narodnom ratu za slobodu. Samom, pak, Proti Mateji ta »Baštica« (kako je on nazivao svoju dokumentaciju) biće neka vrsta memorijalne istine, savest vremena i nadasve stvaralački izazov čije se dejstvo prostiralo duboko u njegovo živo sećanje. Iako je samo želeo da *upozna* svoje potomstvo sa istinom o jednoj epopeji, Prota je odista nadahnuto *napisao* literarno delo u kome poezija činjenica ima istorijsku verodostojnost, a istorijska tragika jednog naciona epsku univerzalnost. Neprekidno u čegrsti, pesnik i istoričar, još jednom su se našli zajedno na tragu ljudske i nacionalne sudbine. Još jednom su strast prema činjeničnom i sposobnost literarnog transponovanja saodredili jedinstvenu viziju Zemlje u nastajanju.

A ta Zemlja bila je ustanička Srbija. Njen uspon i pad, njena epopeja i tragika, slikovito i sugestivno su sažeti u Protinim *Memoarima*, i ako ima velike istorijske istine koja je uzbudljivo poetski transponovana, onda se ona odista mora tražiti u ovim »ratnim i neratnim priključenijama«.

Kao jedan od vodećih ljudi Prvog srpskog ustanka, Prota Mateja se od početka velikog vojevanja našao u žiži svih zbivanja, i zato njegova ispovest ima sudbinsko značenje. Sa mirnoćom i ozbiljnošću filozofa, sa iskrenošću pesnika i trogatelnošću moraliste, Prota će još u početku svojih memoarskih pripovedanja naznačiti tu povezanost Zemlje i Čoveka, nacije i individue, istorije i sudbine, ne kao slučajnu i usamljenu, već kao neizbežnu i jedino moguću. Ako je vožd Karđorđe bio inkarnacija heroizma i neustrašivosti, prvi i vrhovni stegonoša ustaničke Srbije, Prota Mateja je, zaista, bio njen intelektualni, diplomatski, promišljeni i samosvesni stožer oko koga se jedno legendarno vojevanje zaoštrilo do usijanja i ugasilo do pepela. Možda niko kao Prota Mateja nije osetio tu promenljivost sudbine, koja, po pravilu, poznaje oba pola ljudske duševnosti, i sreću i nesreću; možda se niko zaista nije tolko inkorporirao u biće jedne istorijske pojave, u onaj njen nevidljivi a tako moćni deo, kao što je to umeo pisac ovih *Memoara:*

»Burna vremena novije srpske prošlosti bila su tesno skopčana sa mojim životom; i kao što su ona promenljiva bila, tako je i moj život bio promenljiv. Ja sam služio i gospodario, popovao i vojvodovao; putovao po narodnom poslu daleke putove i kod kuće mirno sedeo i u mojoj bašti voće kalemio; vojevao sam opasne ratove i uživao blagodet opšteg mira; s carevima govorio sam slobodno, a katkad zbunio me je govor prostog kmeta; gonio sam neprijatelje i bežao od njih, živeo u svakom blagu i izobilju i opet dolazio do sirotinje; imao sam lepe kuće i gledao ih iz šume spaljene i srušene; pred mojim šatorom vrištali su u srebro okićeni arapski hatovi i vozio sam se u svojim neokovanim taljigama; vojvode iščekivali su zapovesti iz mojih usta i opet sudba me dovodila da pred onima što su bili moji panduri na noge ustajem. To je, deco, večna promenljivost sudbine koju sam rano poznao i na koju se nigda tužio nisam; iz te promenljivosti naučite: da se ne treba u sreći gorditi ni u nesreći očajavati...«

Život Prote Mateje je čitav jedan roman neizvesne ljudske sudbine. I kao što po neki roman zna biti zanimljiv zbog fantastike i iluzija, snova i čudnovatih predviđanja, tako je i život Protin bio ispunjen neobičnim scenama koje nama danas stvarno izgledaju fantastične. Ponekad su te scene bizarne i smešne (na primer, opis Protinog putešestvija u Rusiju), ali mnogo češće i izrazitije su, čini se, Protine ustaničke akcije. U njih Prota unosi temperament i intuiciju, mudrost i hrabrost, samoljublje ratnika i jedno hrišćansko osećanje pravednosti. Po načinu reagovanja, po leporečivosti i nadasve po odlučnosti da se sve žrtvuje, sem časti, na oltar slobode, Prota Mateja neodoljivo podseća na Njegoševog kneza Danila. Štaviše, da bi taj časni oltar odbranio, Prota je odlagao svoj epitrahilj i uzimao sablju, baš kao što je to, u isto vreme na drugom kraju zemlje, u Crnoj Gori, činio vladika Rade. Ovo poređenje nije slučajno, kao što nije slučajna ni Njegoševa posveta prahu oca Srbije, Karađorđu: sunce slobode je i suviše jako i moćno da se ne bi moglo prepoznati na pravom nebu! I mada je samo »vrletni bukvar izučio« Protin pripovedački talenat u *Memoarima* je tako ekspresivan da mnoga događanja iz vremena ustaničke Srbije i danas zvuče živo i izvorno. Upravo zato *Memoare* ne treba prihvatiti kao neku vrstu romansirane autobiografije, već kao *epski intoniranu povest* o velikom vremenu i maloj egzistenciji, o tragičnoj ljudskoj i nacionalnoj sudbini čiji su sadržaji, po definiciji, mnogo prostraniji od jednog subjekta!

Vizija ustaničke Srbije kao moćan požar buknula je u svesti i sećanju Prote Mateje, i u časovima dok je pisao svoje *Memoare;* to je, bez sumnje, bila dominantna predstava, strast koja preovlađuje. U jednoj rečenici svoga putopisa po Rusiji sažeto je formulisao tu tvoračku strast: ... »nijedan mi drugi predmet u oči i srce stati nije mogao, jerbo ga je Vračar, Srbija i otečestvo i sva čuvstva potpunila...« Tu je, po našem mišljenju, epsko jezgro protinih *Memoara*, ne manje sugestivno i ne manje istorijski značajno od onog čuvenog Višnjićevog epskog deseteračkog pevanja.

Mada se ova dva literarna fenomena ne mogu porediti u čisto umetničkom smislu, jer Višnjićev ep ima zaista homerovske dimenzije, u shvatanju evolucije književnih oblika veoma je inspirativno dovesti u vezu i Protina epska kazivanja. Ako za Višnjićevu pevaniju može da se kaže da predstavlja *poslednju* pravu epiku, velelepno pesništvo koje se u takvom stilu i formi više nikad potom nije ponovilo, onda se s punim pravom za Protina prozna pripovedanja može reći da predstavljaju *početak* jednog realističkog memoarskog stila, ne naročito novog u formalno--tehničkim obeležjima, ali stvarno modernom po osećanju epskog i istorijskog, po umešnosti da jednu biblijsku intonaciju izvede sa vrletne staze epske narodske naracije na put moderne, umetnički oblikovane rečenice.

Prota Mateja ima u *Memoarima* divno osećanje za mnoge jezičke preplete i ume emocionalnim epitetom, metaforom ili poređenjem da definiše čitavu jednu ljudsku situaciju. Više pod uticajem usmenog narodnog predanja nego kao posledica kakvog pasioniranog čitanja, Protin epitetski stil u *Memoarima* mnogim, često razuđenim pričama podiže književnu vrednost. I sama struktura *Memoara* podređena je jednoj očiglednoj, u mnogo čemu, slobodnoj, ali možda bas zato veoma uspeloj improvizaciji. Prota piše onako kako mu se u sećanju slike ređaju i tako reći, već u samom tom redosledu slika situira strukturu svojih proznih pričanja. A to je ono što želimo da naglasimo: iako nije bio svestan književnih normi i zakona, po kojima se jedno delo organizuje, Prota je *intuitivno* naslutio egzistencijalnu punoću dela i izrazio je na način koji imponuje i iznenađuje, istovremeno. Sva tri dela *Memoara*, i žitije kneza Alekse Nenadovića, i putopis o putu po Rusiji, i najzad, samo sećanje na ustaničke ljude i događaje, pisani su u jednom dahu, sa čudesnim osećanjem za ritam po svemu moderne proze; bilo da su u pitanju duge rečenice koje sugerišu kontemplativnu smirenost Protinu ili da su po sredi kratke, kao sabljom posečene misli, koje kao da nastoje da izraze svu dramatiku događaja i egzistencijalnu živost poetskih slika – osećanje za ritam proznog pričanja je zaista impresivno i u književno-teorijskom smislu od nesumnjivog značaja. Da je Prota Mateja imao makar malo izraženiju unutrašnju sklonost ka simboličnim formama, njegove priče o topu ili, na primer, o belom hatu bile bi zaista mala remek-dela našeg proznog pripovedanja. No, bez obzira na to, ili baš uprkos tome, pričanje ovog pisca – samouka, napisano narodnim jezikom tako reći pre nego što se Vuk izborio za njegovu književnu i istorijsku samostalnost, višestruko je značajno: i kao književno delo i kao istorijska građa.

Miodrag JURIŠEVIĆ

SADRŽAJ

Izdavačko preduzeće
RAD
Beograd, Dečanska 12

*

Glavni urednik
NOVICA TADIĆ

*

Grafički urednik
MILAN MILETIĆ

*

Korektori
NADA GAJIĆ
MIROSLAVA STOJKOVIĆ

*

Za izdavača
SIMON SIMONOVIĆ

*

Štampa
Elvod-print, Lazarevac

CIP – Каталогизација у публикацији
Народна библиотека Србије, Београд

886.1-94

НЕНАДОВИЋ, Матеја

    Memoari / Prota Mateja Nenadović. – Beograd : Rad, 2001 (Lazarevac : Elvod-print). – 135 str. ; 18 cm. – (Reč i misao : knj. 250)

Str. 129–133: Prota Mateja Nenadović (1777–1854) / Miodrag Jurišević.

ISBN 86-09-00729-4

a) Ненадовић, Матеја (1777–1854) – Мемоари
ID=89339916

www.ingramcontent.com/pod-product-compliance
Lightning Source LLC
Chambersburg PA
CBHW051727090426
42738CB00010B/2125